意思決定の教科書

HBR'S 10 MUST READS ON MAKING SMART DECISIONS

ハーバード・ビジネス・レビュー
意思決定論文
ベスト10

ハーバード・ビジネス・レビュー編集部＝編
DIAMONDハーバード・ビジネス・レビュー編集部＝訳

ダイヤモンド社

HBR's 10 MUST READS ON MAKING SMART DECISIONS
by Harvard Business Review

はじめに

ビジネスにおいて最も重要な行為は、「意思決定」です。経営者、従業員、管理職、立場を問わず、です。にもかかわらず、的確な意思決定を下すための方法が論じられる機会は少なく、また、そのための訓練もあまりありません。しかし、欧米の経営学では、この点について、さまざまな研究が行われています。たとえば行動経済学の知見によれば、私たち一人ひとりが持っている、脳の傾向や、認知のゆがみによって、ある種の思考パターンの罠に陥ってしまうために、意思決定を誤ることが多いとのことです。本書は、個人から組織まで、意思決定のメカニズムを解明し、より説得力があり、合理的な意思決定を行うための方法や事例研究について、第一線の研究者が書いた論文を集めています。

米国の名門経営大学院、ハーバード・ビジネス・スクールの教育理念に基づいて、一九二二年、マネジメント誌 *Harvard Business Review*（HBR：ハーバード・ビジネス・レビュー）が創刊されました。同編集部とダイヤモンド社が提携し、日本語版『DIAMONDハーバード・ビジネス・レビュー』（DHBR）を一九七六年に創刊しました。以来、DHBRは、「優れたリーダー人材に貢献する」という編集方針の下、「実学」に資する論文を提供しています。ビジネスパーソンがマネジメント思想やスキルを独学する際に、また管理職研修や企業内大学、さらにビジネススクールで教材としても利用されたりしています。

そのＨＢＲ誌の掲載論文から、ＨＢＲ編集部が「意思決定について知っておくべきこと」として厳選した一〇本の論文を集めたものが、本書です（各論文執筆者の肩書きは基本的に、論文発表時のものです）。

第1章「意思決定をゆがめる心理的な落とし穴」は、意思決定の障害となりがちな、アンカリング、サンクコスト、現状維持バイアス、予測にまつわる誤謬など、人間心理の傾向や認知についてのバイアスについて述べ、かつその落とし穴をどのように回避するかという考え方が解説されています。認知バイアスとはどういうものなのかを知るための初歩的な論文として、概略をつかむためにも最適です。

第2章「意思決定の行動経済学」は、二〇〇二年に行動経済学の認知バイアス研究などでノーベル経済学賞を受賞したダニエル・カーネマンらによる、意思決定と行動経済学を結び付ける論文です。認知のゆがみについて学習できたとしても、自分がそれに囚われている場合に、客観的に把握するのは至難の業です。この論文では、実践的なチェックリストを用いて、認知バイアスを避けて意思決定する方法を伝授します。意思決定者が自問すべき質問、提案者にすべき質問、提案を評価するための質問が挙げられています。重要なのはそのチェックリストの質問を「いつ」行うかであり、適切なタイミングについても解説されています。

第3章「ニアミス：隠れた災いの種」は、ヒューマンエラーについての研究論文です。ＮＡＳＡのスペースシャトル「コロンビア」が空中分解し、七人の乗員が犠牲になった事故や、トヨタ自動車の加速トラブルなどが例に挙げられます。大事故や大問題が起こる前に、日常業務において、何とか乗り切れてしまえるくらいの不具合が生じており、その「ニアミス」に対処しなかったために、危機を招くという事例を検証しています。第1章と第2章で示された認知バイアスのうちの「逸脱の標準化」と「結果バイアス」によって、危機の芽が見過ごされるのをどのように防ぐかが説明されています。

第4章「対話が組織の実行力を高める」は、意思決定に至るまでの、組織内での対話の積み重ねが重要であることを説いた論文です。ファルマシアやゼネラル・エレクトリックなどの事例を紹介しながら、意見が出ない会議あるいは本質的でない議論に終始して結論に至らない会議などの、不毛な会議への処方箋、対立を恐れない建設的な対話の要諦、また、正しい問題意識を喚起するための質問例など、意思決定に必要な対話を導くためのヒントが示されています。

第5章「プロセス重視の意思決定マネジメント」は、意思決定をプロセスとしてとらえた時に、参加者のコミットメントを高める「探求型プロセス」を重視しています。議論を深めるため、感情による好き嫌いや人間関係に根差す対立（情緒型対立）ではなく、検討する事柄の内容についての対立（認識的対立）を奨励すべきと論じます。また、いくつかの提案のうち、採用されなかった意見に対する考慮や公平性を担保し、意思決定を終了する時期の見極めを適切に行うことなどが重要になります。優れた意思決定であるかどうかをチェックするため、代替案があるか、前提事項が検証されているか、基準の定義が確立しているかなど五つのポイントを確認することも有効です。

第6章「意思決定のＲＡＰＩＤモデル」は、意思決定にまつわるボトルネックを解消するための、提案（Recommend）、同意（Agree）、実行（Perform）、助言（Input）、意思決定（Decide）の五つのステップと、そのステップにおける役割を論じたものです。グローバルとローカルの対立、本社対事業部の対立、部門間対立、社内パートナーと社外パートナーの対立について、それぞれをどのように解消したか、企業事例も示されているため、各ステップの重要性や役割が理解しやすいでしょう。

第7章「道徳家ほどおのれの偏見に気づかない」では、心理学的なアプローチで意思決定の誤謬を正す方法が語られます。偏見を持っていないと自信を持っている人でも、人種差別、性差別、あるいは自分に似た属性や性質の人をえこひいきする、などの偏見から自由ではないことが調査結果で示されます。では、偏見を排した意思決定を行うためにはどうするか。「データ収集」「環境整備」「意思決定の幅の拡大」の三つの活動が大切だと説きます。その具体的な方法も提示されています。

第8章「意思決定プロセスのカイゼン」は、意思決定のミスを防ぐために、意思決定を改善する方法を論じたものです。そのためには四つのステップを使うのがよいと述べています。意思決定するものをリストアップする特定。特定したものがどのような要素で成り立っているかを検証する棚卸し。そして、意思決定を下すうえで必要な役割やシステムやプロセスを設計して、正しい方向へ導く介入を行います。また、誰が責任者であるか、誰が説明責任を負うのか、誰に相談し報告するのかなどを決めておく制度化が必要になります。改善が奏功した企業事例も紹介されています。スモールグループプロセス、分析、自動化、神経科学、行動経済学、直感、集合知など、意思決定に用いる手法もあわせて紹介されています。

第9章「脳科学が解明する意思決定リスク」は脳科学、心理学研究による意思決定リスク回避の方法についての論文です。過去の重大な判断ミス八三例を分析した結果、特定の脳の働きが意思決定に影響を与えることが突き止められています。過去の経験や判断に基づいて推論する「パターン認識」や、ある記憶や経験に付随する感情が判断に影響する「感情タグ」が判断ミスの原因の一部なのです。意思決定を誤らせる前兆である「レッドフラッグ」の七つの見極め方とあわせて知っておくとよいでしょう。脳に特定の傾向があることを知れば、誤りやすい状況を予知して備えることができます。

第10章「戦略立案と意思決定の断絶」は、戦略と意思決定がばらばらに行われているため、企業は不合理な事業活動を余儀なくされていると警告しています。一五六社の調査結果によると、戦略の立案は往々にして、年次ごとに行われ、個々の事業部門を対象にしたものであるようです。しかし、実際にされるべき戦略の意思決定は、継続的なものであり、また、個々の事業部門の部分最適ではなく、統合された全体最適なものであるべきです。その乖離をいかにして埋めるか。戦略立案プロセスと、予算や資本計画をリンクさせるための、ボーイング、マイクロソフト、テクストロンなどの企業の実例が詳しく紹介されます。

いずれの論文も、行動経済学の知見、意思決定にまつわる認知のゆがみの是正、意思決定プロセスの正常化や最適化などについての効果的な方法を習得するための具体的な事例と考察を含み、今日から実践できるヒントにあふれています。読者の皆様の日頃のコミュニケーションや折衝、交渉、ビジネスのさらなる発展に寄与できるものと自負しています。なお、論文集ですので、掲載順は気にせず、ご関心のあるテーマから読まれることをおすすめします。

DIAMOND ハーバード・ビジネス・レビュー編集部

『意思決定の教科書』

目次

はじめに――i

第1章 意思決定をゆがめる心理的な落とし穴――1
ジョン・S・ハモンド 元ハーバード・ビジネス・スクール 教授
ラルフ・L・キーニー デューク大学 フュークアスクール・オブ・ビジネス 教授
ハワード・ライファ ハーバード・ビジネス・スクール 名誉教授
誤った意思決定を導く思考回路に組み込まれた落とし穴――2
アンカリングの罠――5
現状維持バイアスの罠――9
サンクコストの罠――12
確証バイアスの罠――16
フレーミングの罠――18
見積もりと予測にまつわる三つの罠――24
備えあれば憂いなし――30

第2章 意思決定の行動経済学――33
ダニエル・カーネマン プリンストン大学 名誉教授

ダン・ロバロ シドニー大学ビジネススクール 教授
オリバー・シボニー マッキンゼー・アンド・カンパニー ディレクター
組織の意思決定はバイアスに蝕まれている――34
バイアスの回避が難しい理由――35
意思決定の質を管理するチェックリスト――39
意思決定の品質管理を実行する――52

第3章

ニアミス：隠れた災いの種――63
キャサリン・H・ティンズリー ジョージタウン大学 マクドナースクール・オブ・ビジネス 准教授
ロビン・L・ディロン ジョージタウン大学 マクドナースクール・オブ・ビジネス 准教授
ピーター・M・マドセン ブリガム・ヤング大学 マリオットスクール・オブ・マネジメント 助教授
大事に至らなかったニアミスは危機の前兆である――64
なぜニアミスは見えなくなるのか――66
実現条件が揃った時ニアミスは危機へ発展する――67
ニアミスを認めることが危機防止の第一歩――75

第4章
対話が組織の実行力を高める——87
ラム・チャラン 元ハーバード・ビジネス・スクール 教授
よくある不毛な会議——88
すべては対話から始まる——91
対話から行動が生まれる組織運営メカニズムを構築する——95
フォロースルーとフィードバック：対話を育む二つの要素——103

第5章
プロセス重視の意思決定マネジメント——113
デイビッド・A・ガービン ハーバード・ビジネス・スクール 教授
マイケル・A・ロベルト ハーバード・ビジネス・スクール 助教授
意思決定は特別なイベントではない——114
意思決定の二つのプロセス——115
意思決定を進める3C。対立〔Conflict〕——119
意見の考慮〔Consideration〕——125
議論の適切な時点での終了〔Closure〕——127
意思決定の結果を予測する——131

第6章 意思決定のRAPIDモデル――139
ポール・ロジャース ベイン・アンド・カンパニー パートナー
マルシア・ブレンコ ベイン・アンド・カンパニー パートナー
意思決定力は高収益組織の条件――140
「RAPID」のステップでボトルネックを解消する――142
グローバル対ローカルのボトルネック――145
本社対事業部のボトルネック――148
部門間のボトルネック――152
社内対社外のボトルネック――154

第7章 道徳家ほどおのれの偏見に気づかない――165
マーザリン・R・バナジ ハーバード大学 教授
マックス・H・ベイザーマン ハーバード・ビジネス・スクール 教授
ドリー・チャフ ハーバード・ビジネス・スクール 博士課程
実はあなたは倫理的な人間ではない――166
潜在意識に巣食う偏見――168
仲間内へのえこひいき――172

高い評価の要求――175
利害の対立――177
努力だけでは足りない――178
偏見を自覚できる人が偏見を克服できる――187

第8章
意思決定プロセスのカイゼン――191
トーマス・H・ダベンポート　バブソン大学 教授
意思決定のミスはなぜ起こるのか――192
意思決定を改善する四つのステップ――194
新商品開発の意思決定を改善する――197
価格の意思決定を改善する――199
多角的な視点が意思決定を改善する――201

第9章
脳科学が解明する意思決定リスク――209
アンドリュー・キャンベル　アシュリッジ・マネジメントセンター ディレクター
ジョー・ホワイトヘッド　アシュリッジ・マネジメントセンター ディレクター
シドニー・フィンケルスタイン　ダートマス大学 タックスクール・オブ・ビジネス 教授

第1章

意思決定をゆがめる心理的な落とし穴

元 ハーバード・ビジネス・スクール 教授
ジョン S. ハモンド
デューク大学 フュークアスクール・オブ・ビジネス 教授
ラルフ L. キーニー
ハーバード・ビジネス・スクール 名誉教授
ハワード・ライファ

“The Hidden Traps in Decision Making”
Harvard Business Review, September-October1998.
邦訳「意思決定を歪める心理的な陥し穴」
『DIAMONDハーバード・ビジネス・レビュー』1999年4−5月号

ジョン S. ハモンド
(John S. Hammond)
ハーバード・ビジネス・スクール教授を経て、コンサルタント。

ラルフ L. キーニー
(Ralph L. Keeney)
デューク大学フュークアスクール・オブ・ビジネス教授。

ハワード・ライファ
(Howard Raiffa)
ハーバード・ビジネス・スクール名誉教授。

この3人の共著に『意思決定アプローチ——「分析と決断」』(ダイヤモンド社、1999年)がある。

誤った意思決定を導く思考回路に組み込まれた落とし穴

意思決定は、すべての経営者にとって最も重要な仕事である。それは大変難しく、また大きなリスクを伴う。間違った意思決定のために、事業が暗礁に乗り上げることもあれば、自分自身のキャリアに取り返しのつかないダメージを被ることもある。では、なぜそんな間違った意思決定を下してしまうのだろうか。

多くの場合、意思決定のプロセスに問題が潜んでいるといわれている。他の選択肢が明確に提示されなかった、正しい情報が入手できなかった、費用対効果がきちんと計算されなかった、等々である。

しかし、間違いはこうした問題に起因するのではなく、むしろ意思決定者の心の中に潜んでいることのほうが多い。人間の頭がどのように働くかによって、その意思決定が台無しにされてしまうことすらあるのだ。

人の精神状態が意思決定時にどう作用するかが、半世紀にわたって研究されてきた。意思決定時に付き物のわずらわしさに対処するに当たり、我々が知らずしらずのうちに、所定の思考回路に従っているということが、研究室での研究でも、フィールド調査による研究でも証明されている。ヒューリスティックスとして知られる、問題を解決するためのこの所定の思考回路は、ほとんどの場面で使われている。

たとえば、距離を見極めるのに、明瞭に見えるかどうかが、近距離にあるかどうかの判断基準になってしまう。物体がはっきりと見えれば見えるほど、我々はその物体が近距離にあると思いがちなのである。また一方で、輪郭がぼやければぼやけるほど、遠距離にあると判断しがちだ。こんな簡単な思考回路が頭の中にできあがると、「距離判断」、つまりその場の状況に応じた臨機応変な判断がスムーズにできるというわけだ。

しかし、ほとんどのヒューリスティックスのように、距離判断に関するヒューリスティックスも、どんな状況にでも必ず応用できるというわけではない。ふだんより頭が働かない日もあるだろう。そんな日には、視界に入るものが実際より遠くにあると考えるよう、我々の視覚が思考を誘導してしまいがちだ。ただし、そんなちょっとした目の錯覚は、たいていの者にとっては大した危険ともならずに済んでいるので、無視してもかまわないかもしれない。

だが、これが飛行機のパイロットともなれば、少しのゆがみでも大惨事を招きかねない。だから、パイロットは各自の視覚に加えて、距離を客観的に測定する機器を使えるように訓練を受けるというわけだ。

意思決定を行う際に我々が犯しがちな過ちについては、さまざまな研究者によってすでに明らかにされている。

たとえば、距離判断に関するヒューリスティックスのように、人間の知覚は絶対に正確というわけではないし、また、先入観にじゃまされて正しく物事を認識できないこともある。あるいは、たまたま自分の思考が世間の常識からずれてしまっていた、ということもあるだろう。

しかし、このような落とし穴がなぜそんなに危険かというと、すべてを目で見て確認することができないからだ。我々の思考回路にこうした落とし穴がすでにしっかりと組み込まれてしまっているので、たとえその穴に落ちていく途中であろうとも、落下中だとは認識しづらいのである。

日々の決裁や承認に明け暮れ、その意思決定いかんによって自分の運命が左右される経営者にとっては、心理的な落とし穴は特に危険だ。新製品開発から吸収合併、あるいは事業撤退・売却戦略から後継者選びまで、すべてが危険にさらされている。

しかし、心に深く染み込んでしまっているこうした「心の弱点」を取り除くことは、誰にとっても不可能である。だからこそ、飛行機パイロットの例を見習い、何が落とし穴となりうるのかを理解し、弱点を補うように努めるべきだろう。

本稿では、事業の政策決定にとって特に致命的となりうる落とし穴で、かつ、十分に資料が揃っているものに関して検証してみる。そして、これらの落とし穴の原因と兆候を再検討するだけでなく、経営者が取りうる防衛手段のいくつかを紹介しよう。

最善の防衛策としては、常に自覚していること、つまり意識していることがとにかく重要だ。落とし穴とは何か。また、その落とし穴が取りうるさまざまな形態はどのようなものか。落とし穴の存在、その種類を知ろうとする努力を怠らない経営者であれば、自分の意思決定が健全なものかどうか、部下や同僚の提案が信頼に足るものであるかどうかを判断すべき時に、より正確に判断が下せるようになるだろう。

アンカリングの罠

次の二つの問いに、あなたはどう答えるだろうか。

「トルコの人口は三五〇〇万人以上でしょうか」

「トルコの人口はどれくらいだと思いますか」

普通の人なら、第一問の（筆者が恣意的に用いたにすぎない）三五〇〇万という数値にたいてい引っ張られて、第二問に答えることになる。何年もの間、筆者はこういった類の質問を多くの人々にしてきた。そのうち半数のケースで、三五〇〇万という数値を第一問に用い、残りの半数のケースには一億という数値を用いてみた。すると、第一問目に大きな数値が使われるほど、第二問目の答えが必ず何百万という単位で増加するのである。

これが「アンカリング」（固定化）として知られる精神現象だが、何も珍しいことではない。よく起こる困った現象なのだ。何か意思決定を下そうとする時、人は一番最初に得た情報にどうしてもこだわってしまう。第一印象や当初の見積もり、データのせいで、次に続く思考や判断が鈍ってしまうことになる。

こうしたアンカリングのもとになっているもの、つまり「アンカー」は、さまざまな場面で顔をのぞかせる。同僚の何気ない一言だったり、朝刊に載っていた一見どうということのない統計数字だったりする。あるいは人の肌の色や言葉のアクセント、はたまた着ているものの趣味だとか、ふだんは何気なく見過ごしているものだったりする。

仕事をするうえで一般的なアンカーにもいくつかあるわけだが、その一つが過去の実績やトレンドだろう。

次の年の製品の販売予測を立てようとするマーケターが手始めによく利用するのが、過去の販売実績だ。この場合は、過去の数字がアンカーになるのだが、予測を立てる者は、他のファクターも参考にして調整を図ろうとする。

このアプローチはたしかにある程度正確な予測を導き出すのに一役買ってはくれるが、過去の実績に比重を置きすぎ、他のファクターに十分な配慮を払わなくなる傾向が見られる。特徴として、目まぐるしく変化している市場の場合には、過去のデータはかえってアンカーとなり、内容の乏しい予測しか立てられず、結果、間違った選択肢を取ることになりかねない。

アンカーが、意思決定を行う際の条件として採用されることもあれば、逆にそのアンカーを交渉材料として使う賢い者もいる。

サンフランシスコに新しい事務所スペースを探していた、とある大きなコンサルティング会社の例をここで考えてみよう。そのコンサルティング会社のパートナーたちは不動産ブローカーを雇って、自分たちの条件にぴったりの物件を見つけ、ビルのオーナーと交渉の席を持った。まずはオーナー側から契約条件を提示することから、この会議は始まった。

一〇年間のリース契約で、一年目は一平方フィート当たり二・五ドルの月間賃貸料が、毎年、現行インフレ率に沿って値上げされる。すべての内装改装費はテナント負担。同じ条件で、さらに一〇年間の契約更新を行う権利がテナントにはある、という内容だった。

提示された賃貸料は、当時の市場相場からいうと高値の部類にあったにもかかわらず、コンサルティング会社側からのカウンターオファーは、比較的相手側の条件に沿ったものだった。一年目の賃貸料を市場相場に照らし合わせて平均値ほどにしてほしいとし、改装費は折半ということを盛り込んだだけで、後はオーナーの提示した条件をすべて飲んだのだ。

パートナーたちはもっとアグレッシブに、大胆に、たとえば、賃貸料を市場相場の低価格帯近くまで下げたり、契約更改を毎年ではなく二年ごとにするよう、また更改時に値上げをしないようにとか、あるいは契約を延長する際には違った条件にするように、といったように交渉を進めることもできた。

しかし、パートナーたちの思考は、オーナー側の提示した最初の契約内容に釘付けとなった。つまり、アンカリングの罠にはまってしまい、結果として必要以上の経費をそのスペースに支払うはめになってしまったのである。

〔対処法〕心をオープンに保ち、幅広く情報や意見を求める

何千もの実験がなされ、意思決定時におけるアンカー対策の効果のほどはすでに証明済みだ。アンカーは、経営者だけでなく、会計士、エンジニア、銀行家、そして弁護士が意思決定を行う時にも影響を及ぼす。アンカーの影響から逃れられる者はいない。それくらい影響力は大きくなってしまっている。

しかし、アンカーの危険性を熟知している経営者であれば、次のテクニックを駆使することにより、アンカーのインパクトを軽減することも可能だ。

●常に問題を別の観点から眺める。頭に最初に浮かんだ解決策に固執せず、別の出発点としての選択肢、アプローチを試す。

●他人のアイデアがアンカーとなるのを防ぐためにも、誰かに相談する前に、まずは独力でその問題を考えてみる。

●心をオープンに保つ。自身の情報源を広げ、馴染みのない解決策にも目が行くよう、情報や意見を幅広く各層から求める。

●自分の相談相手、コンサルタント、あるいは自分が意見を求めたり相談したりする人がアンカリング現象に陥らないように気を配る。相手に、自分のアイデア、予測、その時点での意思決定の内容について、なるべく話さないようにする。あまり多くを語りすぎると、自身の先入観がそのままはね返ってくることになりかねない。

●交渉の場でのアンカーには特に留意する。交渉相手の最初の提案が、自分自身にとってアンカーとなるのを防ぐためにも、どんな交渉でも始まる前に自分の立場をよく考えておく。と同時に、自分に有利になるようにアンカーを使えないかどうか、機会をうかがう。もしあなたが売り手側なら、交渉の手始めとして、高いけれどもある程度は納得のいく値段を提案する。

現状維持バイアスの罠

我々は皆、自分の決断は合理的で、しかも客観的なものだと思いたがる。しかし事実はというと、必ず先入観に毒されており、何かを選択する際にもその先入観の影響を受けているものだ。

たとえば、意思決定者には現状維持を選択する強い傾向が見られる。広い意味で言うと、この傾向は何か画期的な新製品が市場に登場する時に必ず見られるものだ。初めての自動車は「馬のいない馬車」と銘打たれ、外観も、取って代わられた馬車にそっくりだった。初めての「電子新聞」がインターネットのウェブ上に登場した時も、まるで通常の新聞そっくりの体裁を取っていた。

もっと身近な例を取ってみよう。あなたが個人的な金銭面の決断を下した際にも、この手の先入観に飲み込まれてしまっていたかもしれない。たとえば、人は時に、自分では一度も購入したことのない株券を相続することがある。そのような場合、株券を売ってその代価を別の投資に充てるというのは、実に簡単で手頃なアイデアだ。しかし、驚いたことに、たいていの人がその株券を売ろうとしない。現状のままでよいとし、現状を変えるような行動を取ろうとはしないのである。「そうだ、後でもう一度考えることにしよう」とは言うのだが、後ではほとんどない。

現状維持バイアスの落とし穴にはまってしまう原因は、我々の心の奥底にある。つまり、ダメージから自分を守りたいとする自分自身の願望である。現状を打破するということは、行動を起こすことであり、行動を起こすということは責任を伴う。よって、批判に身をさらすことにもなり、時には後悔することもある。

別にこれは驚くようなことではなく、我々は無意識のうちに、何もしなくてもよい理由を探している。現状を維持するということは、心理的にひどく追い詰められることもないし、たいていの場合、より無難な策を取ったことを意味する。

多くの実験によって、現状維持バイアスの魅力が実証されている。例を一つ挙げると、何人かに集まってもらい、ほとんど同じ値段の二種類のプレゼントのうち、どちらかを無作為に一つずつ手渡したとする。半数はマグカップ、残りの半数はスイス製のチョコバーをもらう。それからそのグループの人々に、プレゼントを交換してもらってもいいですよ、と告げたとする。あなたは半分以上の人がプレゼントの交換を望んだのではと思うかもしれないが、実際のところ、一〇人に一人の割合でしか、換えてほしいと思う者はいなかったのである。ほんの数分前に恣意的に行われたことでさえ、現状維持バイアスの力が勝ってしまっている。

他の実験でも、選択肢が多いほど、人は現状維持の方向に傾くという事実が証明されている。たとえば、選択肢が一つの場合より、二つある場合のほうが、現状維持を選択する人がより多い。Aだけの場合と、AとBと二つあるだけの違いなのに、どうしてだろう。それはAとBのどちらかを選択するということは、さらなる努力を要するわけで、現状維持を選べばそんな労力を払わなくて済むからである。

仕事の現場では、何かをすることの罪のほうが、何もしないでいることの罪よりも厳しく罰せられる傾向がある。よって現状維持バイアスには大きな魅力があるのだ。

たとえば、多くの吸収合併が失敗するのも、吸収する側の企業が、新しくて適切なマネジメントを相手の企業にスピーディに行わないからである。「いまここでボートを揺さぶるのはやめておこう」とか、「情勢が安定するまで様子を見よう」という典型的な言い訳がまかり通ってしまうのである。しかし、時を経るに従って既存の構造が幅を利かすようになり、変革は容易になるどころか、困難になるばかりだ。変革すべき好機を逸してしまうと、後は経営陣としては、現状にしがみ付くしか手の打ちようがなくなる。

〔対処法〕現状の持つ魅力も変化することに留意し、変革という選択肢を検討する

まず、これだけは頭に入れておいてほしいのだが、どんな選択肢があろうとも現状維持を選択することがベストな場合もあるにしても、それが楽だという理由だけで現状維持しようと思うべきではない。「現状維持バイアス」の落とし穴をここで知ったからには、ぜひ、次のテクニックを用いて落とし穴にはまらないよう、気をつけてもらいたい。

●常に自分の目標を明確に心に描き、現状のままでその目標が達成できるかどうかを検討する。自分のゴールにとって障害となる要素が現在の体制にあるかどうか確認する。

●現状だけが、自分が取りうる選択肢だと思わない。他の選択肢がないかどうか考え、それらのプラス面とマイナス面を慎重に検討して現状分析の材料として用いる。

●現状が現状のままでないと仮定したうえで、自分がこの現状を選択肢として受け入れられるかどうか、自問自答する。
●現状を変革する際に払う労力や、かかるコストを過大に見積もらない。
●時間が経つにつれて、現状の持つ魅力も変化するということに留意しておく。選択肢を比較考量する際には、現在時点だけでなく、未来においてどうなるかという点も考慮に入れる。
●現状維持に勝るいくつかの選択肢を有する場合には、最良の選択肢を選ぶのが大変だからといって、現状維持に走ってはならない。必ず新しい選択の道を取るように、自分を仕向ける。

サンクコストの罠

我々の心の奥深くにはびこる先入観を、ここでもう一つ取り上げる。

過去に自分が下し、いまとなっては何の意味も持たなくなってしまったような意思決定を何とか正当化しようとして、本来選ぶべきではない選択肢を選ぶ場合だ。たいていの人が、この落とし穴にはまったことがあるだろう。

たとえば、我々は他のより魅力的な投資は差し控えて、株や投資信託を損をしてまで売ることを拒否したかもしれない。あるいは、もともと雇うべきではなかったといま思っている従業員がいるとしよう。(その従業員を雇ったという過去の意思決定のまずさが露呈しないように)彼の業績を改善するために、我々は多大な労力を払ったかもしれない。

我々の過去の意思決定は、エコノミストたちの言葉を借りれば、「サンクコスト」になったということになる。つまり、回収不可能な過去の投資（経費と時間）ということだ。我々も、理性ではサンクコストが現在の意思決定とは関係ないとわかってはいる。それでもなお過去に下した意思決定が忘れられず、不適切な意思決定を下すはめになることもあるのだ。

なぜ人は過去の意思決定を捨て切れないのだろうか。よくあることだが、意識しているといないとにかかわらず、間違いを犯したと認めたくないからだ。私生活に関することで間違った意思決定を下したと認めるのは、個人の自尊心の問題にすぎないが、こと仕事に関する限り、まずい判断は公的関心事であり、同僚や上司からの非難を招くことになる。もし自分が雇った業績の悪い従業員を解雇でもしたら、それは自分の判断ミスを公に認めることになる。事態をさらに悪化させるだけなのに、その従業員をそのまま留まらせたほうが、気持ちの上で安心なのだ。

サンクコストにこだわる傾向は銀行業務において慣習的に見られ、特に悲惨な結果をもたらしかねない。借入人の事業が暗礁に乗り上げると、銀行が彼らの事業に持ち直すきっかけを与えようとして、さらに資金を貸し与えることがよくある。それがうまく作用して事業が息を吹き返せば、その投資は正しい選択だったといえる。反対に動けば、単に無駄に資金を使ったにすぎなくなる。

筆者の一人は、米国の大手銀行が外国の企業にずいぶんと間違った投資をした後で、立ち直るのに一役買ったことがある。それでわかったことだが、問題となるローンを始めた担当者に限って、その問題のローンを抱えた客の口座を引き継いだ担当者より、追加支援のための貸し増しを行いたがる。そんな貸し付けを行ったもともとの担当者の戦略とローンは、ことごとく失敗する。意識するとしないとにかかわらず、担当者たちは最初に下してしまった間違った判断を隠すために、さらに何重にも間違いを重ねていくという落とし穴にはまってしまったのである。サンクコストの罠の犠牲者というわけだ。

その銀行は、もしローンに何か問題が起こったら、即刻、別の担当者にその口座を委任し直すという会社としての方針を打ち出し、その問題を最終的には解決した。こうすることで新しい担当者は、さらに資金を提供するメリットがあるかどうか、先入観に囚われずに検討することができたのである。

時には社風がサンクコストの落とし穴をつくってしまうこともある。もし、好ましくない結果を招いてしまった判断に対するペナルティが度を越したものであれば、マネジャーたちは、そのプロジェクトを延々と続けるようになってしまうかもしれない。失敗が判明しているプロジェクトでも、いつかはどうにか成功に転じるのでは、という空しい希望の下に。

予測しえないことが起こるのが常である未知の世界では、経営者としては、たとえ正しい判断を下しても時には悪い結果に終わることもある、ということを認めるべきだろう。よいアイデアでも失敗することがあると認めることで、経営者は、部下が損失を重ねるよりも、途中で取り止めることができるように指導ができる。

〔対処法〕意思決定に関わっていない人の意見に耳を傾ける

すべての（過去の）いわく付きの判断に対して、あなたは、心理的なものでも経済的なものでも、自分の手の内にある選択肢に対しての自分の思考を惑わす、どのサンクコストについても、意識的に考えないように努力すること。その際、次のテクニックを試すとよい。

●当初の意思決定に関与していない人、よってその意思決定に責任のない人を探し出し、その意見に注意深く耳を傾ける。

●なぜ当初犯した間違いを認めることが自分でも気が重いのか、検討する。もし問題が、自分の自尊心が傷つくということであれば、正面切ってその問題に当たる。意思決定者のミスというわけではないのに、よかったはずの選択肢が失敗することもあれば、最も経験を積んだマネジャーでも間違った判断を下すこともある、ということを心に留めておく。

ここでウォーレン・バフェットの、ためになる言葉を記しておこう。

「もし穴の中にいる自分を発見したら、掘るのをやめることがあなたにできる最善のことです」

●あなたの部下による意思決定や推薦が、サンクコストの影響を受けていないかどうか注意すること。必要なら、職務の再割り当てを行う。

●従業員が間違いを正さずそのまま継続させてしまうような、失敗を恐れる社風をつくらない。功労に報いる際にも、判断の結果のみを評価するのではなく、その判断自体の質（どんな状況下でその判断を下したか）を見極める。

確証バイアスの罠

あなたは成功した米国の中規模メーカーの社長で、工場の拡張計画を延期するかどうかを思案中だと仮定してみてほしい。

ここしばらくの間、あなたは自分の会社の輸出の急速な伸びをこのまま維持させていくべきかどうか、悩んでいる。数カ月のうちにドル高になることをあなたは予想しており、そうなるとあなたの会社の製品は海外の消費者にとっては割高となり、需要が落ちるのではと心配している。そこで工場拡張計画を中止する前に、あなたは、新工場建設を棚上げしてしまった同業他社のCEOである知人に電話することを最近思い付く。持論を証明するためにである。その持論とは、他国の通貨が近々、ドルに対して全面安になる可能性が高いとするものだ。さあ、あなたはどうするか。

知人に話したからといって、その会話の内容に結論を見出すようなことはしないほうがいい。というのも、あなたはおそらく「確証バイアス」の落とし穴の犠牲者となってしまうからだ。この罠にはまると、その時点で抱いた直観や観点を裏付けるような情報しかあなたは受け入れず、反対意見などには耳を貸さないようになる。知人が持論を強く推してくること以外に、あなたはその知人に何を期待したのだろうか。

確証バイアスの罠は、我々がどこで確証を得るかということだけでなく、受け取った確証を我々がどう解釈するかにも影響を与えてしまう。そして裏付け情報ばかり偏重して、自分の見解と相容れない情報は軽んじるようになる。

この現象を心理的側面から研究したケースを一つ紹介する。死刑に反対するグループと支持するグループの双方に、犯罪抑止策としての死刑の効果について慎重に行われたリサーチに関する二種類の調査書を、それぞれ読んでもらったとする。調査書のうち一つは死刑が効果的だと結論付けており、他方は効果はないとしていた。反論を裏付ける正確な科学的情報が提供されていたにもかかわらず、調査書を読んだ後の双方のグループのメンバーは、それぞれの立場の正当性をさらに強く確信しただけだった。読んだ人たちは自動的に持論を裏付ける情報は受け入れ、相容れない情報は無視してしまっていたのだ。

この例では、人間の二つの基本的な心理作用が働いているのがわかる。第一に、我々はどうしてそうしたいのか自分でも理解する前に、何をしたいのか潜在意識下で決めてしまう傾向がある。第二に、我々には自分が嫌いなものより好きなもののほうに、より注意を払うという性向があり、赤ん坊でさえこの性向があると証明されている。よって、自然と我々は、自分の潜在意識下での偏向に合った情報に引き寄せられるというわけだ。

〔対処法〕信頼できる人に反対意見を述べてもらい討論する

何も自分が無意識のうちに引かれている選択肢を選んではならないと言っているのではない。ただ、その選択肢が正しいかどうかを確認しようとしているか否かが問題なのだ。その選択肢を以下の方法で検証してみるとよい。

●すべての事実に対して同様に熱心な姿勢で臨んでいるかどうか、常に自問してみる。何の疑問も抱かずに、自分にとって都合のよい事実だけを受け入れがちにならないように留意する。

●信頼できる人物に故意に反対陣営に立ってもらい、自分の案に反対する意見を述べてもらい、討論する。それでもまだ検証できなければ、自分でも反対意見を構築してみるほうがいい。この案に反対する最大の理由は何か、次の理由は、また次は、というふうに自問し、状況を偏見のない目で見据え、熟慮する。

●自分の動機について正直になる。正しい選択肢を選ぶための情報を集めている、と本当にいえるだろうか。それとも単に、自分がしたいと考えていることに合わせた情報を求めているだけなのか。

●誰かにアドバイスを求める際にも、日和見に陥った意見を導くような質問をしない。常にあなたの見解を支持するようなアドバイザーだったら、新しいアドバイザーを見つける。自分の周囲をイエスマンで固めてはいけない。

フレーミングの罠

意思決定における第一歩は、問題のフレーミング（視点・枠組み設定）だ。しかしこれもまた、最も危険な作業といえる。問題の理解の仕方次第で、取るべき選択肢が大きく変わってくるからだ。

たとえば、車の保険の場合、フレーミングによって二億ドルの差ができてしまったことがある。保険の経費を減らそうと、ニュージャージー州とペンシルバニア州という隣接した二州が似たような州法改正を実施した。両州ともドライバーに、訴訟権利の制限を受け入れれば保険料を引き下げる、という新しいオプションを提供したのだ。しかし二州は、この選択肢をまったく異なったやり方でフレーミングした。

ニュージャージー州の場合、申告しなければドライバーは自動的に訴訟権利の制限を受けるとし、ペンシルバニア州の場合は、申告しなければ自動的に全訴訟権利を保持するとしたのだ。異なったフレーミングは異なった現状を生み出した。当然のことながら、現状のままに放っておくドライバーが圧倒的に多かった。結果、ニュージャージー州ではドライバーの八〇%が、ペンシルバニア州ではドライバーの二五%が制限付き訴訟権利を選ぶこととなった。選択肢のフレーミング方法のせいで、ペンシルバニア州は保険料と訴訟費用で約二億ドルを浮かし損ねてしまったというわけだ。

「フレーミング」の落とし穴はさまざまな形態を取って現れる。保険の例を見てもわかる通り、他の心理的な落とし穴と密接に絡み合った状態で仕掛けられることが多い。フレーミングによって、現状維持バイアスの罠が設けられたり、アンカーが挿入されてしまったりする。サンクコストを強調したりもすれば、都合のよい結論へと誘導もする。意思決定時に間違える頻度の高いフレーミングに関する二つの例が、研究者によって報告されているのでここに紹介する。

損益に関わるフレーミング

ダニエル・カーネマンとエイモス・トベルスキーが行った意思決定に関する研究では、古典ともいえる実験に倣ってパターン化された調査方法がある。筆者の一人が次の問題を保険の専門家たちに出してみた。

あなたが海上所有権（保険）清算人で、アラスカ沖で昨日沈没した貨物船三隻の積み荷の損害を、最小限に食い止めなければならないとしよう。各貨物船はそれぞれ二〇万ドル相当の積み荷を積んでおり、七二時間以内に引き上げなければ損失となる。現地の（引き上げ作業を執り行う）サルベージ会社のオーナーがあなたに二つのオプションを提示する。双方ともかかる経費は同じ額である。

プランA：三隻の貨物船のうちの一隻分の積み荷、二〇万ドル相当を引き上げる。

プランB：六〇万ドル相当の三隻の貨物船の積み荷すべてを引き上げる可能性が三分の一、しかしまったく引き上げられない可能性が三分の二。

どちらのプランをあなたは選ぶか。

あなたがこの調査の回答者の七一％と同じ考えなら、「よりリスクの少ない」ほうのプランA、つまりは確実に一隻分の積み荷を引き上げるほうを選ぶ。ところで、この調査では別のグループに、次のプランC、Dのうちどちらを選ぶか聞いてみた。

プランC：積み荷二隻分、四〇万ドル相当の損失という結果になる。

プランD：三隻分の積み荷、六〇万ドル相当すべてを失う可能性が三分の二であるが、何も損失が出ない可能性も三分の一。

この二案については、回答者の八〇％がDを選んでいる。

このA・B、C・Dの組み合わせ内容は当然同一である。プランAがプランCと同様、プランBがプランDと同様だ。異なったフレーミングを用いたにすぎない。しかし回答に顕著な偏りがあったことで、次のことがわかる。

我々は利益を生む（この場合は貨物船が引き上げられる）ことに関して問題を提示されると、危険を避ける傾向があり、逆に、損失を避ける（貨物船を見捨てる）ことに関して問題を提示されると、危険を冒そうという気になる傾向がある。さらに、自分自身の言葉で問題を言い換えてみるより、むしろ提示されたそのままの形で受け入れてしまう傾向さえある。

異なった基準点を使ったフレーミング

同じ問題が異なる基準点を用いることで、まったく違った回答を引き出すこともある。たとえば、あなたが二〇〇〇ドルの当座預金を持っていたとする、そして次のような勧誘を受けたら、はたしてどうだろう。

あなたは三〇〇ドル失うか五〇〇ドル得るかの五分五分のチャンスに賭けてみませんか。

あなたはこのチャンスを物にするか。
この質問が次のように聞かれたらどうか。

あなたはご自分の口座の残金二〇〇〇ドルをそのままにしておきますか、それとも五分五分の確率ですが、一七〇〇ドルになるか二五〇〇ドルになるチャンスに賭けてみる気はありませんか。

この二つの質問の尋ねている内容は同じだ。これに対するあなたの答えも、本来ならば同じはずだが、調査結果によると、多くの人が最初の勧誘には拒否反応を示しても、次の勧誘には乗る。これらの異なった反応は、二つの質問で異なる基準点を用いた結果である。

最初の表現では、基準点がゼロで、単純に損益を強調したにすぎず、損するかもしれないと考えさせてしまい、多くの人々から保守的な回答を引き出すことになったのである。二番目の表現では、基準点が二〇〇〇ドルで、下す意思決定によって本当に自分の経済状態が変わってしまうことを強調し、物事の軽重を見やすくしている。

〔対処法〕選んだフレーミングのせいで内容にゆがみが出なかったか検討する

不適切なフレーミングに基づく問題の把握は、念入りに検討を重ねた意思決定をも台無しにする。しかしフレーミングのどんな悪い作用が働いても、次のような注意を払えば、リスクを抑えることができる。

●自分でも他人でも、つくった者が誰であれ、最初のフレーミングを自動的に信じてしまってはいけない。常に問題をさまざまな方法でフレーミングし直すように心がける。選んだフレーミングのせいで内容にゆがみが出なかったかどうか検討する。

●問題提起を、中立的で、損益を両方とも表現した言い方、あるいは異なった基準点を抱含するような言い方でしてみる。たとえば「三〇〇ドル失って口座の残金が一七〇〇ドルになるのと、五〇〇ドル得て残金が二五〇〇ドルになるのと、五分五分のチャンスに賭けてみませんか」

●自分の意思決定プロセスにおいて、問題提起のフレーミングについて真剣に考える。プロセスを通して、特に最終段階に入ったら、フレーミングを変えた時に自分の考えも変わるかどうか、自問する。

●他の者から勧められた施策があったら、どのように問題提起をフレーミングしたかを確かめる。その推薦者に、異なったフレーミングで問題提起をしてみる。

見積もりと予測にまつわる三つの罠

我々の多くは、時間や距離、重量、容積を見積もるのがとても上手である。それは我々がたえずこれらの変数について判断を下し、なおかつその判断が正確だったかどうかのフィードバックを即座に得ているからだ。毎日の実践を通じて、我々は十分慣らされているというわけだ。

しかし、これが不確実な事柄についての見積もりや予測をするとなると、事情は違ってくる。たしかにマネジャーたちは見積もりや予測をたえず行っているが、その精度についての明確なフィードバックはめったに得られたことがない。

たとえば、原油価格が今後の一年で一バレル当たり一五ドル以下に値下がりする可能性が約四〇%とあなたが判断したとして、実際にそのレベルまで値下がったとする。しかし、だからといってあなたが予測した可能性が正しかったのか間違いだったのかは不明だ。予測が正確だったかどうかを測る唯一の方法は、四〇%の確率で起こるとあなたが予測した多くの似通った事柄が、実際に四〇%の確率で発生したかどうか、事後に追跡調査をしてみることだ。だが、そんなことをすれば膨大な量のデータが必要となり、長期間かけて、慎重に追跡調査することになる。

天気予報官や競馬の元締めはそんなデータ収集の機会に恵まれ、保管しておくインセンティブも与えられているが、普通はそんな特権に恵まれることはない。結果として、我々は不確実な状況の中で何かを予測するということに、熟達することはありえないだろう。
これまで議論してきた五つの罠は、こうした不確実な状況に直面した際の意思決定に悪影響を与える。さらに、実際に起こりうる可能性の度合いを正しく見極めることを困難にしてしまうほど、特に悪質な影響力のある別の落とし穴について、次に紹介しよう。不確実性に関する落とし穴のうちでも、最もはまりやすい三つの例である。

a. 「自信過剰」の罠

たとえ我々のほとんどが見積もりや予測を得意でないと自覚していたとしても、やはり、精度について自分自身を過信してしまう傾向は否めない。それが誤った判断のもととなり、結果、間違った意思決定をしてしまうことになる。

とある一連の実験で、回答者は、ダウ・ジョーンズ工業平均株価の次週の引け値について予測するよう言われたとしよう。不確実性を考慮に入れるよう、次に回答者が言われたことは、引け値が上がり下がりする範囲を予測することだった。つまり、その範囲の最高値を決めるに際して、引け値がどんなに高くなっても設定したその最高値より高くなる可能性が一％しかないように設定すること、そして、同様に、最低値も、引け値がどんなに下がっても設定したその最低値より低くなる可能性は一％しかないように設定するというものだった。

もし、回答者が自分の予測精度を正しく把握していたとしたら、実際の値が予測範囲に収まらないような状況は二％の頻度でしか起きないはずだった。ところが、何百回と行われたこの実験の結果を見ると、当時の実際のダウ・ジョーンズ平均は、二〇～三〇％もの頻度で回答者の予測範囲を超えてしまったのだ。自分たちの予測精度について過度に自信がありすぎて、回答者たちの多くが（引け値の動きうる）可能性をあまりに狭すぎる範囲でとらえてしまったというわけだ。

重要な案件や投資は、ある程度幅を持たせた未来予測に基づいて決定されることが多い。したがって、それを考えると、この例が言わんとしていることの重大さが理解できるだろう。もし、マネジャーが重大な変数の振れを甘く見すぎると、魅力的な機会を喪失したり、気がつかないうちに非常に大きな危険に直面する事態に追い込まれることになりかねない。多くの経費が、成功するはずもない製品開発に無駄に費やされたりするのも、マネジャーが、市場が成立しない可能性を正確にとらえていないからなのだ。

b.「安全第一主義」の罠

予測するということに関する別の落とし穴に、用心しすぎ、別の言葉で言えば、慎重になりすぎるということがある。会社の運命を決めるような意思決定を下さなければならない状況に直面すると、我々はつい、見積もりや予測を「無難」な方向に修正しがちだ。

たとえば、何年も前のことだが、米国の三大自動車メーカーのうちの一社が、最繁忙期に向けて新型車の生産台数を決定しようとしていたことがあった。生産台数決定権を持つマーケットプランニング部は、生産台数を決定するに当たって重要な材料となる変数、たとえば、販売予測台数、ディーラーの在庫数、競合他社の動き、かかる経費などについて予測数字を提出するよう指示を出した。他部門はこの予測数字が何に使われるかを承知していたので、それぞれ「無難」な増産方向に向かうような数字を提出してきた。

ところが、マーケットプランナーはこれらの「無難」な数字を額面通りに受け取り、自分たちの「無難」な数字を上乗せして修正を加えてしまったのだ。当然のことながら、新型車の生産台数は需要をはるかに超えてしまい、ゆえに余剰台数を売りさばくのに同社は六カ月を費やし、おまけに最後には特価を設定しなくてはならなくなってしまった。

こんな過度の用心深さが、政策決定者たちによって正式な意思決定プロセスの一環に組み込まれてしまっている。その極端な例が、最悪の事態を想定しての分析方法論だろう。これは一時期、兵器開発において一世を風靡した考え方で、いまでも一部の技術開発分野や規制産業の分野で使われている。

この考え方に従うと、たとえ予想される最悪の事態の発生率がほとんど無視できるほど小さかったとしても、技術者は起こりうる最悪の事態でも兵器が稼働するように（精度を高めて）設計してしまうのだ。最悪の事態を想定して分析する考え方は、コストだけを膨らませる割に、実際には軍事拡張を誘発するというマイナス面をもたらしただけで、それほど役には立たなかった。あまりにも慎重になりすぎると、時には無謀ともいえるほど危険だ、ということの好例である。

c.「偏った記憶」の罠

我々が自信過剰でも慎重になりすぎるわけでもないとしても、やはり見積もりや予測を立てる際にはまってしまう落とし穴がまだある。我々は過去の出来事に関する自分の記憶に頼って、未来についての予測を立てることがよくある。だからドラマチックな出来事、つまり、特に記憶に残った出来事に過度に影響を受けてしまわざるをえない時がある。

たとえば、飛行機墜落事故などのような悲劇的な出来事がある。実際には、このような事故の発生率は非常に低い。にもかかわらず、メディアから異常なほどの注目を浴びるせいもあってか、我々は誇張して考えすぎる。もし、私生活でドラマチックあるいはトラウマチックな目に遭っていれば、あなたの思考は当然、影響を受ける。仕事に行く途中で交通事故を目撃したなら、当然自分が事故に遭う確率を高く考えてしまうだろうし、また親しい友人が、がんで亡くなったとしたら、やはり自分もいつかはがんで死ぬかもしれないと思ってしまうことだろう。実際、過去の出来事がゆがんだ記憶となってあなたの脳裏に刻まれていたとしたら、それだけであなたの確率を測る能力が鈍らされることになるだろう。

ある実験では、著名な男性と女性の名前を記したリストを、異なるグループに分けられた回答者に読んで聞かせたことがある。この実験の目的は伏せられたままで、それぞれの名前リストには同数の男女名が並んでいた。

だが、リストによっては、男性のほうがより有名だったり、反対に女性のほうがより有名だったりと、載せる名前の組み合わせを変えてあった。それから回答者は、各リストに掲載されていた名前の男女比をだいたいの割合で答えるよう求められた。より有名な男性名の載ったリストを聞かされた回答者は、男性の数がより多かったと思ったし、逆に、より有名な女性名の載ったリストを聞かされた回答者は、女性の数がより多かったと解釈していた。

会社の顧問弁護士が賠償責任問題裁判で弁護を担当する際に、このような偏った記憶の落とし穴にはまることがよくある。示談にするか、訴訟にまで発展させるかを、弁護士は決断しなくてはならないのだが、それは訴訟の結果を予想することで、結論を出すのが普通だ。しかしメディアは、（他のごく一般的な訴訟の結果などは無視してしまって）莫大な賠償金だけに注目して事件を取り上げ、大々的に報道する傾向にある。そのため、原告の受け取る賠償金が高額になる可能性を、弁護士は過剰に想定してしまうこともありうる。結果、弁護士は実際に妥当とされる額よりも、多額の支払いを会社に要求してしまうのだ。

〔対処法〕最低値と最高値を考え、その範囲内で予想を立てて検証する

「見積もりと予測」という罠を避ける最善の方法は、予測を立てたり確率を割り出したりする際に、非常に順序立ったアプローチを取ることだろう。先の三つの例については、さらに次のような手段を取るといいだろう。

- 見積もりを立てる時の自信過剰の弊害を減じる策として、初めに可能な限りの低い値と高い値を考え、それらを出発点として予想を立てる。こうすれば、一番最初に立てた予測がアンカーとなってしまうのを防ぐことができる。
- 次にすることは、自分で設定したその範囲を検証してみることだ。実際の数字が自分が予測した低い値より下がったり、あるいは高い値より上がってしまう状況を想像してみる。自分の部下やアドバイザーが出してきた予測も同様に検証する。他人も自信過剰の罠にはまりやすいのは、言うまでもないからだ。

●安全第一主義の罠を避けるには、あなたの予測を採用する人全員に数字が修正されたものではないことを包み隠さず伝え、説明する。また、あなたに予測数字を提供する人全員に本音の数字を出すことが必要だということを納得してもらう。そして、予測がどんなインパクトを及ぼすことになるか、予想できる範囲でその数字を試してみる。また、インパクトの大きいものについては、さらに掘り下げた予測作業を行う。

●さまざまな偏った記憶が引き起こす偏った見方を最小限に食い止めるには、自分の記憶に不当に左右されていないかどうか、自分が挙げたすべての（予測の前提となる）条件を、注意深く再考する。可能な限り裏付けとなる実際の数字を集める。印象だけで物事を判断しないようにする。

備えあれば憂いなし

職務上の意思決定が求められる場合、実際問題、頭を使わなくても判断を下せるような簡単な状況はめったにない。したがって、我々は常に頭を働かせなければならないが、残念なことに、たまたま役立つ方向にではなく、妨げる方向に働いてしまうことがある。意思決定のあらゆるプロセスで、誤解、先入観、それに他のマイナス要素が加わって、選択肢を選ぶ際にそれらの影響を受けてしまう。

特に難しくかつ重要な意思決定を迫られている場合には、物事の見方もゆがみがちになるが、それも自分の立てた前提条件、見積もり、そして他部門から上がってくる参考資料が最大限にアバウトになりがちなためだ。絡む利害が大きくなればなるほど、心理的な落とし穴にはまる危険性が高くなる。

本論で見てきたすべての落とし穴は、個々にしか作用しないこともある。しかし、恐ろしいことに、これらの落とし穴は、互いに増幅し合いながら作用することもありうるのだ。

強烈な第一印象がアンカーとして思考回路に影響を及ぼしたり、あるいは、自分の性向を正当化するのに確証バイアスに走ってみたりもする。早まった意思決定を下してしまったばかりに、現状維持バイアスに陥ることもある。サンクコストが積もり積もって、新たによりよい方向に向かうきっかけをつかめなくなってしまうこともある。心理的なミスが後から後から押し寄せてきて、賢く選択することがますます困難になっていく。

初めに述べたように、すべての心理的な罠――それが単独だろうが、組み合わさってこようが――に対する最高の防御策は、結局、心理的な罠にはまるおそれがあることを常に意識し、その罠にはまらないように気をつけることだ。つまり、「備えあれば憂いなし」ということである。そうすれば、あなたの頭に深く染み込んでしまっているゆがみを取り除けないにしても、判断ミスを犯す前に思考回路の間違いを発見できるよう、テストや訓練を取り入れた自分なりの意思決定プロセスをつくり上げることができるはずだ。そして、心理的な罠を理解し、避けるように努力することで、自分の選択肢にもっと自信が持てるようになるのである。

第**2**章

意思決定の行動経済学

プリンストン大学 名誉教授
ダニエル・カーネマン
シドニー大学ビジネススクール 教授
ダン・ロバロ
マッキンゼー・アンド・カンパニー ディレクター
オリバー・シボニー

"Before You Make That Big Decision..."
Harvard Business Review, June 2011.
邦訳「意思決定の行動経済学」
『DIAMONDハーバード・ビジネス・レビュー』 2011年11月号

ダニエル・カーネマン
(Daniel Kahneman)
プリンストン大学名誉教授で、ならびに同大学ウッドロー・ウィルソン・スクールのシニアスカラー。またコンサルティング会社ザ・グレーテスト・グッドのパートナー、グッゲンハイム・パートナーズのコンサルタントでもある。エイモス・トベルスキーとともに認知バイアスを研究し、その業績により、2002年にノーベル経済学賞を受賞した。

ダン・ロバロ
(Dan Lovallo)
シドニー大学ビジネススクール教授。事業戦略を担当。またマッキンゼー・アンド・カンパニーのシニアアドバイザーを務める。

オリバー・シボニー
(Oliver Sibony)
マッキンゼー・アンド・カンパニーのパリ・オフィスのディレクター。

組織の意思決定はバイアスに蝕まれている

一般向けの書籍が多数出ているおかげで、ビジネスの世界でもバイアスによってどれほど論理的思考が歪められているかについて、いまや多くのビジネスリーダーが認識している（章末「行動経済学の関連書籍」を参照）。たとえば「確証バイアス」のせいで、自分の先入観と矛盾する証拠を無視してしまう。「アンカリング」のために、意思決定の際に一つの情報を重視しすぎる。また、「損失回避」によって慎重になりすぎる。しかし、筆者らが見聞するところによれば、バイアスの影響を知ってはいても、ビジネスにおける意思決定の質は、個人レベルでも組織レベルでもほとんど改善されていない。ビジネスリーダーの間でバイアスについて語られる機会も増えたようだが、語るだけではバイアスはなくならない。

とはいえ、対策を講じることは可能である。

一〇〇〇件以上の大型投資案件を対象に、マッキンゼー・アンド・カンパニーが最近実施した調査によれば、意思決定プロセスにおけるバイアスの影響の削減に取り組んだ組織は、最高で七パーセンテージ・ポイント高いリターンを実現している。(注1) バイアスの削減には大きな意味があるのだ。

ビジネスリーダーは「他者からの提案を検討し、受け入れるか、却下するか、次の段階へ送るかを決める」という意思決定によく直面する。本稿では、こうした意思決定の場面で、バイアスを見抜き、その影響を最小化する簡単な方法について述べたい。

ほとんどのビジネスリーダーが、提案の検討など雑作ないと思うだろう。まず、自分よりも詳しい人間から情報を入手し、関連する事実を素早く把握する。次に、提案者が事実を意図的にぼかしていないかを見極める。最後に、自身の体験や知識、推論を当てはめて、その提案が正しいかどうかを判断する。

しかし、このプロセスのどの段階においても、認知バイアスのせいで判断が歪んでしまうおそれがある。後述するように、ビジネスリーダーであっても、自分自身のバイアスについてはいかんともしがたい。とはいえ適切な手段があれば、自分のチームの認知バイアスを認識してその作用を消すことができる。これらの手段を活用することで、やがて組織の意思決定プロセスにおけるバイアスの影響を減らすことができるだろう。またそれは、組織における意思決定の質の改善に役立つだろう。

バイアスの回避が難しい理由

まず、人はなぜ自分の認知バイアスを認識できないのかを考えてみよう。

認知科学者によると、思考には二種類ある。直感的で自動的な思考と、熟慮的で合理的な思考である(この数十年、多くの心理学研究がその違いに焦点を当ててきた。シカゴ大学ブーススクール・オブ・ビジネス教授のリチャード・セイラーとシカゴ大学ロースクール教授のキャス・サンスティーンが『実践 行動経済学』において、それを知らしめた)。

直感的で自動的な思考、すなわち「システム1」では、印象、連想、感情、意図、行動の準備という流れに淀みがない。システム1のおかげで、我々の周りの世界はいつでも描写され、歩いたり、障害物を避けたり、他のことを考えたりといった行動がすべて同時にこなせる。歯を磨いたり、友人と冗談を言い合ったり、テニスをしたりする時は、通常この思考モードである。これらの行動の方法について、意識して考えているわけではなく、ただそうしているだけなのだ。

対照的に、熟慮的で合理的な思考、すなわち「システム2」はスピードが遅く、努力を要し、意図的である。納税申告書を記入したり、自動車の運転を習ったりする時は、この思考モードである。

どちらのモードも途切れることなく働いているが、システム2は基本的に物事を監視しているだけである。リスクが高い時、明らかな誤りを見つけた時、あるいはルールに基づく推論が必要な時に動員される。しかしほとんどの場合、我々の思考を決定付けるのはシステム1である。

我々の視覚系と連想記憶（ともにシステム1の重要な側面）は、身の回りで起こっていることに筋の通った一つの解釈を与えるためのものである。こうした「意味付け」は文脈の影響を非常に受けやすい。〝ｂａｎｋ〟という言葉を考えてみよう。ＨＢＲ誌の多くの読者にとって、この単語の意味するところは金融機関であろう。しかし、同じ読者でもアウトドア雑誌『フィールド・アンド・ストリーム』誌でこの言葉に遭遇したら、別の解釈をするのではなかろうか。

文脈（事柄や状況の背景）というものは複雑である。視覚的な手がかりや記憶、連想に加え、目標、懸念などの情報もインプットされる。システム1によって、これらのインプットに意味が帯び、ストーリーが形成されると、別のストーリーを打ち消してしまう。

システム1は文脈に応じてストーリーを紡ぎ出すことに長けているが、我々はその仕組みを知らないため、方向を見誤ってしまうおそれがある。システム1によってつくられるストーリーは概して正しいのだが、例外もある。認知バイアスはその重要な一つの例で、十分な裏付けもある。

認知不全には、気づかないうちに進行するという特徴があるが、我々にはそれが起こっていることを知る術がない。つまり、直感的な誤りを犯していても、それに気づくことはほとんどないのだ。また、経験も役には立たない(反対に、システム2の思考モードで困難な問題に取り組んだのに解決できなかった場合、我々はその事実を嫌というほど知ることになる)。

このように、我々は誤りを犯しているのに気づかない。これこそが、直感的で無意識に処理された思考をそのまま受け入れてしまう原因を理解するためのカギである。それはまた、たとえバイアスの存在を認識していても、おのれのバイアスの排除に本気になれないことの説明でもある。要するに、見えない誤りを正すのは難しいのだ。さらに言えば、認知バイアスについて論じる経営学者が、実際的な解決策を示せなかった理由でもある。彼らにとって何よりも重要な論題は「備えあれば憂いなし」なのだ。しかし、バイアスの存在を知るだけでは、克服は難しい。バイアスがあるという事実を受け入れたとしても、自分のバイアスを取り除くことはできない。

しかし、個人から集団、意思決定者から意思決定プロセス、ビジネスリーダーから組織へと視点を転じれば、希望はある。オペレーション管理の分野で研究者が実証しているように、一人ひとりが自分のバイアスを認識していないからといって、組織レベルのバイアスを根絶(少なくとも削減)できないというわけではない。それは、ほとんどの意思決定が多くの人たちの影響を受けるからであり、また意思決定者には他者の思考にあるバイアスに気づく能力があり、それを活用できるからである。

よって、我々は自分自身の直感を制御できないが、合理的思考によって他人の直感の欠陥を指摘し、その判断を改めることができる（言い換えれば、システム2を用い、他者からの提案に含まれるシステム1の誤りを発見できる）。これこそ、提案を検討して最終判断を下す時に必ず実行すべきことである。

ビジネスリーダーはバイアスを認めると、つじつまを合わせようとする。たとえば、原価予測に「安全幅」を設けるなど、いい加減で筋の通らない調整を加えることが多い。

とはいえ、意思決定者が提案を検討し、吟味する際に重視するのは、ほとんどの場合、その「中身」である。それに、提案プロセスの体系的な検討を加えることを提言したい。つまり、提案者に影響を与えたと考えられるバイアスを特定するのだ。提案者がたどった道を遡り、直感的思考のせいで横道に逸れてしまった部分を見極めるという考え方である。

以下では、まったく違う種類の提案を検討することを頼まれた三人のビジネスリーダー、すなわちボブ、リサ、デベシュ（いずれも仮名）の実体験を手がかりに、提案プロセスの検討方法を指南する。

抜本的な価格変更

ボブはビジネスサービスマネジメント（BSM：ITを活用した事業支援・管理サービス）会社の営業担当バイスプレジデントである。最近、シニア・リージョナル・バイスプレジデントと何人かの同僚から、価格体系の全面的な見直しが提案された。価格水準が高いせいで、同社は何度も入札で競合他社に敗れ、優秀な営業担当者も去っていったというのだ。しかし、間違った動きをすれば、コストが高くつくうえ、他社との価格競争すら引き起こしかねない。

大規模な設備投資

リサは、資本集約的なメーカーのCFOである。ある事業ユニットの製造担当バイスプレジデントが、とある製造拠点への多額の投資を提案している。売上予測、各種シナリオに基づくROIの分析など、一通りのデータは揃っている。しかしこれは、ずっと赤字が続いている事業への大型投資案件である。

大型買収

デベシュは、多角化企業のCEOである。事業開発チームから、ある企業の買収を提案されている。その会社の製品は、コア事業の製品ラインを補完してくれるという。しかし、成功したとはいえ、大型買収案件が何件か続いた直後で、同社の財務はぎりぎりの状態である。

以上の検討内容について、筆者らはあえて意思決定者の視点から記述しているが、各社とも、これらの作業のいくつかを、より広範な意思決定プロセスに組み込むという策を講じることもできる（**章末**「組織全体の意思決定を改善する」を参照）。

意思決定の質を管理するチェックリスト

ビジネスリーダーが意思決定をきちんと吟味できるよう、筆者らは、思考の欠陥、すなわち提案者の認知バイアスを明らかにするツールを開発した。これは、一二の質問から成るチェックリストで、これらの質問は三つに分類される。すなわち、「意思決定者が自問すべき質問」「提案者に問うべき質問」、そして「提案を評価するための質問」である。留意すべきことがある。人は自分のバイアスを認識できないため、チェックリストの使用に当たっては、意思決定者は提案者と一線を画す必要がある。

【意思決定者が自問すべき質問】

❶提案チームが「私利私欲にかられて意図的に誤りを犯したのではないか」と疑われる理由はないか

提案者に向けて、この質問を単刀直入に投げかけてはならない。そんなことをすれば、ほぼ間違いなく、相手の努力、さらには徳を疑っていると思われるし、そうした会話はよい結果を招かない。

ここでの問題は、意図的なごまかしだけではない。もちろん人はわざと嘘をつくことがあるが、自己欺瞞や正当化のほうがより起こりうる問題である。調査によれば、自分の判断は金銭に左右されないと心から信じている医師のようなプロフェッショナルであっても、自分の関心分野にはバイアスがかかるといわれている。

たとえばボブは、競争の圧力から価格を引き下げれば、営業担当者の歩合に大きな影響が及ぶことを認識しておかなければならない（それが利益率ではなく売上げに基づいている場合、特にそうである）。またデベシュは、買収を提案しているチームがその相手先の経営をもくろんでおり、「権力の拡大」という欲望に煽られているのではないかと考えてみなければならない。

もちろん、どんな提案にも特定の結果を望む気持ちが含まれている。意図的な誤りのリスクがあるかどうかではなく、そのリスクが大きいかどうかを評価しなければならない。金銭的な意味で、あるいはもっと一般的に、組織力や評判、キャリア上の選択といった観点で、結果から通常以上のものを得る立場の人たちの提案については、特に注意して判断の質を管理する必要がある。

また、現実的な選択肢が提案者たちの望むものしかないという、悪質な提案にも注意すべきである。その場合、意思決定者はこのチェックリストの他の質問（特に楽観的バイアスに関わる質問）によりいっそう注意を払わなければならない。

❷提案者たち自身が、その提案にほれ込んでいるか

誰もが、「感情ヒューリスティック」の影響を受けやすい。すなわち、好きなものを評価する時はそのリスクやコストを最小化し、メリットを誇張するが、嫌いなものを評価する時はその逆になる。この現象は、社員、ブランド、または立地の決定など、感情的な要素が入り込みやすい意思決定でよく見られる。

この質問はしないで済むに越したことはないが、目的をたやすくかなえられる。デベシュはすぐに、提案チームのメンバーが買収案件について中立を保っているかどうかがわかるだろう。もし彼らが感情的になっていたら、事態を是正するために、提案内容のすべて、提案チームに影響を及ぼすバイアスすべてについて徹底的に調べる必要がある。

❸提案チームの中に反対意見があったか

もし反対意見があったなら、それは十分に検討されたのか。多くの企業の組織文化では、上位者に提案する場合、それが全員一致の結論だと主張するだろう。本当に全員一致の場合もあるが、チームリーダーに押し付けられた偽りの一致かもしれないし、グループシンク（集団浅慮）の一例かもしれない。

グループシンクとは、皆から支持されているように思われる決定に収斂することで、争いを最小限に抑えようとする集団の傾向である。チームメンバーの経歴や見方が似通っている時、顕著に表れやすい。たとえばリサは、大規模投資を提案しているチームの中で、懸念や反対を表明する人が誰もいなかったのか、気にかけるべきである。

原因が何であれ、複雑な問題に当たるチームに反対意見が出てこないのは危険信号である。長い目で見れば、意見が本質的に不一致でも、個人間の対立の証と見なされて抑え込まれるのではなく、意思決定プロセスの生産的な一部と見なされて客観的に解決されるような環境づくりを目指さなければならない。

明らかに反対意見が抑え込まれたと思われる提案の場合、意思決定者には、当座の選択肢がほとんどない。ほかの人たちに追加の選択肢を出すように頼むのは非現実的であることが多いので、私的な会合などを通じ、提案チームのメンバーから反対意見を慎重に集めるのがよいだろう。そして、意思決定プロセスにおいて同調を求める圧力に果敢に立ち向かった人の意見は、とりわけ注目に値する。

【提案者に問うべき質問】

❹顕著な類似性が、状況の分析に大きく影響するおそれはないか

多くの提案が、過去の成功譚に言及する。意思決定者は提案を承認することで、その成功譚を繰り返そうとする。デベシュに買収を勧める事業開発チームのやり方もそうだった。自分たちの正当性を裏付けるために、最近の成功例を用いた。

当然、その類似例《アナロジー》が、思ったほど新しい買収案件に当てはまらないおそれもある。また、類似例が一つや二つ程度では、必ずと言っていいほど誤った推測につながる。

特別に印象深い出来事と類似例が、チームの判断に過大な影響を与えたのではないか（「顕著性バイアス」として知られる認知不全）と疑う意思決定者は、そのチームに別の分析を検討させる。そのためには、さらなる類似例を探し、それぞれの事例がどれほど本当に似ているのかを厳格に判断すればよい（この技法は「対照クラス予測」と呼ばれる(注2)）。

略式なら、より幅広く比較検討させるだけでもよい。デベシュの場合、直近に買収した企業以外に、検討中の案件と似ている過去五つの案件について尋ねることも考えられる。

❺信頼できる代替案が検討されたか

優れた意思決定プロセスでは、考えられうる代替案すべてが、事実に基づいて客観的に評価される。

しかし、問題の解決に臨む場合、個人も集団でも、一つのもっともらしい仮説を立て、それを裏付ける証拠だけを探そうとする傾向がある。

主たる提案に対する代替案を少なくとも一つか二つ出させ、それぞれの長所と短所を説明してもらうのが望ましい。その際、意思決定者は次のように問うべきである。

どのような代替案を検討したのか。どの段階でその案を捨て去ったのか。主たる仮説の反証となるような情報を積極的に探したのか、それとも最終的な提言で述べられた裏付けの証拠だけを探したのか。「リスクとその軽減策」といった陳腐なリストを掲げたり、本命の提案を際立たせるだけの怪しげな代替案が打ち出されたりすることもある。実際、不確実性を正しく理解させ、複数の選択肢に目を開かせることは難しい。

検討するに当たり、ボブは営業チームに対して、提案にまつわる未知の要素に目を向けるよう促さなければならない。最終的に営業チームは、価格を全面的に引き下げた場合の競合他社の反応は予測できないと白状するかもしれない。それなら、競争優位のある顧客セグメントを対象としたマーケティングプログラムなど、他の選択肢の検討にも前向きになるだろう。

❻一年後に、同じ意思決定を繰り返さなければならないとしたら、どのような情報が必要になるか。それをいま入手できるか

提案を検討する際、ビジネスリーダーは「目にしているものがすべてである」（見えないものは存在しない）という前提に直面する。これも難題の一つである。

我々は直感によって、手元の証拠に基づいて理路整然としたストーリーを組み立て、どこかに穴があればそれを埋めようとするため、そこに欠けているものを見過ごしてしまう傾向がある。

たとえばデベシュは、提案されている買収案件に魅力を感じていたが、相手先の特許ポートフォリオに関する法的なデューディリジェンスの結果を、未確認であることに気づいた。買収の主な狙いが新規顧客の獲得であれば大きな問題ではないが、製品ラインの拡大が目標である以上、重要な問題である。データの妥当性を確認するため、ハーバード・ビジネス・スクール教授のマックス・ベイザーマンはこの六番目の質問を勧めている。データは手に入らないことが多いが、重要な情報が明らかになる場合もあるだろう。

意思決定の種類に関連する情報を細かく記したチェックリストも役に立つ。デベシュの例で言えば、買収提案を検討した自身の経験を活かして、新技術や新規顧客の獲得といった買収案件のために収集すべき各種データのリストが作成できる。

❼数字の出所を承知しているか

提案の基礎となっている主な数字に集中してチェックすれば、アンカリングを見抜く一助となるだろう。たとえば、こんな質問をしてみよう。この計画のうち、どの数字が事実で、どの数字が推定値か。これらの推定値は、別の数字を調整して求めたものか。表に最初の数字を入力したのは誰か。

ビジネス上の意思決定には、三つの違うタイプのアンカリングがよく見られる。代表的な例を挙げれば、最初の推定値（最も都合のよい推測値であることが多い）が使われ、その正確さは問われない。たとえば、リサに製造拠点への投資を提案しているチームは、プロジェクトの重要なコストを当て推量で求めていた。

これよりも多く見られるのが、過去からの推定に基づいた数値予測である。デベシュへの提案チームが、買収候補の売上げを過去の延長で予測した時もそうだった。これもアンカリングの一つである。現在のトレンドがそのまま継続するとは限らない。

最後に、価格交渉時に買い手側が最低価格を設定するなど、明らかに意図的なアンカリングもある。アンカリングの落とし穴とは、「そんなものは無視できる」と考えられているのに、実際には無視できないことである。判決を下す前にサイコロを転がすことを求められた裁判官は（幸いにも模擬の裁判である）、無論サイコロの影響を否定するだろう。しかし判決を分析すると、実は影響を受けているのだ。

提案が最初の推定値に引きずられていると考えられ、さらにその数字がかなりの影響力を有する場合、意思決定者は提案者に、最初の数値を振り出しに戻して、推定値を調整することを求めねばならない。

リサに承認を求めている投資予算が以前のプロジェクトのコストを下敷きにしており、そのことに彼女が気づいたら、他部門の投資プロジェクトや競合他社へのベンチマークに基づく線形モデルなど、まったく異なる方法で導かれた数字をもとに再考させることも可能である。

その目的は、別の数字を弾き出すことでも、ベンチマークとしている他社のやり方をそのままコピー・アンド・ペーストすることでもない。チームの前提を別の観点で再検討させることである。

❽「ハロー効果」が見られないか

あるストーリーについて実際よりも単純で心情的に理解しやすいと考える時、ハロー効果は現れる。(注3)

ＩＭＤビジネススクール教授のフィル・ローゼンツワイグが著書『なぜビジネス書は間違うのか』(注4)で示したように、ハロー効果によって、我々は、会社の成功や失敗をリーダーの個性のせいにしてしまう。デベシュに提案したチームも、買収候補企業の成功は経営陣の力によるものと考え、彼らがいる限り、現在の好業績が続くと思ってしまったのかもしれない。

エクセレントカンパニーと見なされている企業には、しばしばハロー効果が現れる。専門家がいったんそのような評価を下すと、人々は、その企業がすべての面でお手本のように思ってしまう。

たとえば、リサに提案したチームが投資の正当性を言う際に例に挙げたのは、他の市況産業で評価の高い企業が手がけた同様のプロジェクトだった。提案によると、その企業はある程度成功していた製造投資を倍増し、それが景気の回復と、追加の生産設備がフル稼働したことと相まって成果を上げていた。

リサは言うまでもなく、その推論が正しいかどうかを尋ねなければならない。提案チームは、その会社の意思決定について具体的な情報を持っているのか。それとも、その会社全体の評判をもとに仮説を立てているのか。その投資が本当に成功だったとすれば、どの程度がタイミングのよさなど、偶然によるものなのか。その企業が置かれていた状況と、現在自社が置かれている状況は本当に似ているのか。

こうした難しい質問が投げかけられることはめったにない。ついでに外部と比較したのであれば、それを詳しく分析するのは的外れに感じられるからかもしれない。しかし、リサがその比較を無視しようとしても、提案には漠然とはいえ好印象が残るだろう。

比較的簡単で優れた方法がある。まず「このケースのどこが我々と似ているか」という比較の妥当性を評価したうえで、比較を担当した人々に、「同業他社で、業績が落ち込んでいる事業に投資したところがあるか。その結果はどうなったか」など、あまり成功していない企業の事例を探させることである。

❾提案者たちは過去の意思決定にこだわりすぎていないか

企業は日々ゼロからスタートするわけではない。大事なのはその歴史であり、そこから何を学ぶかである。しかし、未来ではなく過去のある時点から選択肢を評価すると、判断を誤ってしまう。その最も顕著な帰結が「サンクコストの錯誤」である。新しい投資について考える時、将来のコストや売上げに影響しない過去の支出は無視しなければならない。しかし、我々はそうしない。

リサに提案したチームは、製造ラインの生産能力を増強することを検討していたが、この製造ラインが財務的には苦戦していたことを思い出してほしい。財務上の問題は主たる判断基準ではないというのが、チームの理屈の一つだろう。リサはチームに対して、次期ＣＥＯの視点でこの投資案件を判断するよう指示しなければならない。つまり、自分がそもそも工場の建設を決定したのでなければ、生産能力の増強に投資するだろうか、と。

【提案を評価するための質問】

❿基本となるケースは楽観的すぎないか

提案というものはほとんどの場合、予測が含まれているが、それらの予測は過度な楽観主義に陥りやすいことが知られている。一つの要因は過信である。たとえばデベシュのチームは、そのために、買収した企業を統合し、シナジーを実現することの難しさを過小評価してしまうかもしれない。このバイアスに陥りやすいのは、優秀な成績を上げている人たちであり、事業開発チームが立て続けに成功を収めている場合、デベシュはとりわけ注意が必要である。

ここにしばしば作用する要因に、「計画錯誤」がある。計画錯誤は、目の前のケースだけに注目し、過去の同じようなプロジェクトを顧みない「内向的視野」の思考という原因がある。会社の将来を予測する際、その会社が立てた計画と予想される障害だけを検討するようなものである。

対照的に、予測の「外向的視野」はそもそも統計的で、さまざまな問題に目を向けて一般化できる側面を見出し、それを主に用いて予測する。

リサはこれに留意して、チームの提案を検討しなければならない。たとえば、工場の完成までのスケジュールを作成するに当たり、同様のプロジェクトと比較する際に、全体から細部に落とし込んだのか(外向的視野を使ったのか)、それとも、ステップごとに必要な時間を見積もり、それを足し合わせるという、(内向的視野を使った)細部から全体を構成する——過小評価につながりやすい——アプローチを用いたのか。

第三の要因は、ある意思決定に対してライバルがどのように反応してくるのかを予想しないことである。たとえば、値下げの提案では、ボブに上申したチームは、価格競争への突入というライバルの反応を予測できたにもかかわらず、それを説明しなかった。

予測と試算が影響し合うのは不可避であり、両者はよく混同されるため、これらすべてのバイアスは、ほとんどの組織で悪化する。計画や目標についても、同じことが起こる。予測は正確でなければならないが、目標は高くなければならない。ビジネスリーダーはこの二種類の数字を混同してはならない。

楽観的なバイアスを修正するのは難しく、チームに試算の見直しを求めるだけでは十分でない。意思決定者は、提案者たちの内向的視野とは対照的に、率先して外向的視野を採用しなければならない。

外向的視野を広げる一助となる方法がいくつかある。リサの場合、同じような投資プロジェクトのリストを作成して、これらプロジェクトの完了までの期間を自分の部下たちに確認させてみる。こうして、目の前のプロジェクトについての内向的視野を取り除ける。また、価値があるように見えるものを取り除くことで、より信頼性の高い試算を作成できる場合もある。

意思決定者が競争相手の視点で考えるという状況もあるだろう。提案に対して競争相手はどのように反応するかについて考察が足りない場合は、「戦争《ウォー》ゲーム」の活用が強力な対抗策となる。

⓫最悪のケースは、本当に最悪なのだろうか

重要な意思決定を下す際、企業の多くは、戦略チームにさまざまなシナリオ（最低でも最善のシナリオと最悪のシナリオ）を用意させる。残念ながら、最悪のケースが本当に最悪であることはめったにない。意思決定者は、次のように問う必要がある。最悪ケースの出所はどこか。それは競争相手の反応にどれくらい敏感に対応するのか。どのような想定外のことが起こりうるか。

デベシュが検討している買収案は相手先の売上予測に左右されるが、それは、デューディリジェンス・リポートにあるほとんどの売上予測がそうであるように、急勾配の右肩上がりの直線を描いている。彼

は買収のリスクを反映したシナリオを複数作成するようにチームに指示できるが、経験したことのないリスクについては見逃してしまうかもしれない。

こうした状況で有効な方法は、心理学者のゲイリー・クラインが提唱した「死亡前死因分析」である。(注5) 参加者は自分の将来を思い描き、最悪の事態がすでに起こったという仮定の下、それがどのように起こったのかというストーリーを作成する。

デベシュのケースで言えば、買収企業の文化に馴染めない被買収企業主要幹部の退職、主要製品ラインの技術的問題、統合に向けた資源の不足、といったシナリオが考えられる。すると、そうしたリスクを減らすべきか、それとも提案を再評価すべきか、検討しやすくなるだろう。

⑫提案チームは慎重すぎないか

その半面、過度の保守主義はあまり目立たない。しかし、深刻で慢性的な業績不振の原因となる。ビジネスリーダーの多くが、部下たちの計画は創造性や野心が足りないと嘆いている。

この問題への対応が難しい理由は二つある。まず、これが一番重要だが、提案者たちは損失を回避しようとする傾向がある。つまり、リスクを伴う意思決定を下す時、損失を回避したいという気持ちが利益を獲得したいという気持ちに勝る。どのような個人やチームも、失敗したプロジェクトの責任を負いたいとは思わない。第二に、リスク水準を想定するに当たり、自信を持って判断を下せる企業は稀なため、経営者にすれば、損失を出すことへの抵抗感は膨らむばかりである。

リサに上申したチームが投資の代替案である新技術を無視したのは、これで説明できる。リスクが高すぎると見なしたのである。この選択肢を検討させるため、リサはメンバーが安心できるような保証を与えるとよい。また、より確実にするために、リスクへの責任を明確に共有することもできる。

新規事業を立ち上げる際、多くの企業が、目的と予算が異なる別組織をつくることでこの問題に対応している。だが、革新的とはいえない類の事業の場合、過度の保守主義に対処するのはやはり難しい。

意思決定の品質管理を実行する

以上の一二の質問は、他者の評価にかなり依存して最終判断を下さなければならない立場の人に役立つだろう。ただし、それらの質問にふさわしいタイミングと場所というものがあり、またそれらの質問を組織の意思決定プロセスの軸にする方法というものがある。

いつチェックリストを使うか

このアプローチは、ビジネスリーダーが形式的に承認する日常的な決定事項に使うものではない。CFOのリサは、自部門の運営予算ではなく、大規模設備投資にこれを利用したいと考えるだろう。重要な案件で、しかも何度も話が持ち上がり、そのたびに正式なプロセスを踏む必要がある類の意思決定には、品質管理を持ち込むことがまさに打ってつけである。R&Dプロジェクトの承認、大規模設備投資の判断、中規模企業の買収などは、いずれも「品質管理可能な」意思決定の例といえる。

誰が検討するか

先に述べたように、意思決定の品質管理という考え方そのものが、意思決定者と提案チームを別々に扱うことを前提にしている。

多くの場合、ビジネスリーダーは、すでに意見がわかっている人をチームメンバーに選ぶ、自分が望む結論をあらかじめはっきりさせておく、あるいは提案段階で意見をほのめかすといった方法で、チームの提案に陰に陽に影響を及ぼすだろう。そうであれば、意思決定者は事実上、提案チームの一員であり、もはや提案の質を判断することなどできない。そこには意思決定者自身のバイアスがすでに影響を与えているからである。それがはっきりと示される兆候は、意思決定段階と行動段階とのオーバーラップである。意思決定の段階で、すでに実行されていたら、最終決定を下す人物が前もって望ましい結論を伝達した可能性がある。

規律の徹底

最後に、ビジネスリーダーには体系的に意思決定する覚悟が必要である。これはすべての企業文化で歓迎されるわけではない。

外科医でありハーバード・メディカルスクール准教授のアトゥール・ガワンデが『アナタはなぜチェックリストを使わないのか？』(注6)で指摘するように、チェックリストの各項目は常識的で当たり前に見えるため、ともすればその一部あるいは任意に選んだ項目だけ使いたくなる。ＷＨＯ（世界保健機関）の

「手術安全チェックリスト」を導入した医師たちは、患者の薬物アレルギーをチェックするといった簡単な項目にも十分意味があると考えていた。チェックリストをただ完璧に、体系的に、そして日常的に活用するだけで、合併症と死亡率の驚くべき減少という成果を達成できたのだ。チェックリストの使用は規律の問題であり、才能の問題ではない。一部の項目だけを守ることは、全体の失敗を招きかねない。

費用と便益

意思決定に品質管理を適用するのは、正しい努力といえるだろうか。時間に追われているビジネスリーダーは行動を先延ばししたくないだけでなく、品質管理に特別な資源を投入できる企業も少ない。

しかし最終的に、ボブもリサもデベシュもそれを実行し、結果的に深刻な問題を回避した。

ボブは、収益性を損ない、価格競争を引き起こす危険を冒してでも、チームが主張するように値下げに踏み切りたいという誘惑に駆られたが、別のマーケティング計画を提案するよう命じ、しかも最終的には成功を収めた。

リサは、チームの提案は同事業における過去のサンクコストを正当化し、これを支持するための投資でしかないと判断し、その承認を拒否した。チームは後日、競争で優位に立つための新技術への投資を提案した。

最後にデベシュは、チームが提案する買収案件を承認した。ただし、その前にさらなるデューディリジェンスを実施して問題点を発見し、買収価格を大幅に下げた。

意思決定の品質管理を試みるビジネスリーダーにとって、本当の課題は時間でもコストでもない。経験豊富で傑出した能力を有する善意の経営者でも間違いを犯すことを認識できるかどうかである。また、個々の才能ではなく、規律ある意思決定プロセスが健全な戦略のカギであることを、組織は自覚しなければならない。そして、そうしたプロセスが広がるような、開かれた文化を築かなければならない。

行動経済学の関連書籍

本稿の主執筆者であるダニエル・カーネマンとエイモス・トベルスキーは一九七四年、認知バイアスという考え方と、それが意思決定に及ぼす影響を紹介した。カーネマンが二〇〇二年にノーベル経済学賞を受賞すると、彼らの研究と着想は広く知られるようになった。以来、認知バイアスおよび行動心理学一般は、ビジネスに携わる人々の心をとらえてきた。このテーマに関してよく知られた書籍をいくつか挙げておく。

- Richard H. Thaler and Cass R. Sunstein, *Nudge: Improving Decisions About Health, Wealth, and Happiness*, Caravan, 2008.（邦訳『実践 行動経済学』日経BP社、二〇〇九年）
- Michael J. Mauboussin, *Think Twice : Harnessing the Power of Counterintuition*, Harvard Business Review Press, 2009.（邦訳『まさか!?』ダイヤモンド社、二〇一〇年）
- Sydney Finkelstein, Jo Whitehead, and Andrew Campbell, *Think Again: Why Good Leaders Make*

Bad Decisions and How to Keep It from Happening to You, Harvard Business Review Press, 2009.（未訳）
- Dan Ariely, *Predictably Irrational: The Hidden Forces That Shape Our Decisions*, HarperCollins, 2008.（邦訳『予想どおりに不合理』早川書房、二〇〇八年）
- Daniel Kahneman, *Thinking, Fast and Slow*, Farrar, Straus and Giroux, 2011.（邦訳『ファスト&スロー』早川書房、二〇一四年）

意思決定者が自問すべき質問

❶利己的バイアスのチェック

提案しているチームが私利私欲にかられてミスを犯したのではないかと疑う理由があるか。

↓提案を慎重に慎重を重ねて検討する。特に、楽観的すぎないかどうかをチェックする。

❷感情ヒューリスティックのチェック

チームは、提案にほれ込んでいるか。

↓チェックリスト上のすべての品質管理を厳格に適用する。

❸グループシンクのチェック

チームの中に反対意見があったか。それは十分検討されたのか。

↓必要に応じて、慎重に反対意見を募る。

提案者に問うべき質問

❹顕著性バイアスのチェック

いまでも印象に深く残っている成功事例との類似性が、分析に過度の影響を及ぼすおそれはないか。

↓もっと類似点を探し、現状との類似性を綿密に分析する。

❺確証バイアスのチェック

提案には信頼できる代替案が含まれているか。

↓さらなる選択肢を求める。

❻利用可能性バイアスのチェック

一年後にこれと同じ意思決定を繰り返さなければならないとしたら、どのような情報が必要になるか。それをいま入手できるか。

↓さまざまな意思決定に必要なデータのチェックリストを使用する。

❼アンカリング・バイアスのチェック

数字の出所を承知しているか。根拠のない数字があるか。過去からの推定があるか。あるいは、特定のアンカリングを用いる動機があるか。

↓他のモデルやベンチマークから導かれる数字をもとに再考し、新たな分析を求める。

❽ハロー効果のチェック

ある分野で成功した人や組織、あるいは手法が、他の分野でもうまくいくと、チームは考えているか。

↓誤った推論を排し、他にも同様の事例を探すようチームに指示する。

❾サンクコストの錯誤、授かり効果のチェック

提案している人たちは過去の決定にこだわりすぎていないか。

↓新しいCEOになったつもりで問題を検討する。

提案を評価するための質問

❿過信、計画錯誤、楽観的バイアス、ライバル軽視のチェック
基本ケースは楽観的すぎないか。
↓チームには外交的視野によって主張させる。「戦争ゲーム」を利用する。

⓫最悪の事態に備えているかどうかのチェック
最悪のケースは本当に最悪か。
↓チームに「死亡前死因分析」をさせる。すなわち、最悪の事態が起こったという仮定の下、その原因をめぐるストーリーを作成するのである。

⓬損失回避のチェック
提案しているチームは用心深すぎるか。
↓リスクの責任を共有したり、リスクを取り除いたりするためのインセンティブを再調整する。

組織全体の意思決定を改善する

提案を効果的かつ継続して評価するには、個人の努力を超えて意思決定の質を管理する必要がある。この目標はさまざまな方法で追求されるが、優れたやり方には三つの共通原則がある。

第一に、正しい考え方をすること。

目的は、官僚的な手順を生み出すことでもなければ、意思決定の品質管理を、リスク評価部門に任せられるコンプライアンスの新しい仕事にすることでもない。議論や話し合いを促すのが狙いである。そのためには、組織は意見の相違を容認し、場合によっては奨励しなければならない（その相違が事実に基づいた、個人的なものではない限り）。

第二に、一人のリーダーに質のお目付け役を任せるのではなく、担当者を持ち回りにすること。

多くの企業では、少なくとも理屈上、CFOやCSO（最高戦略責任者）などのリーダーがチェック役を果たすことが期待されている。だが、他人の批評を主な仕事にする部内者は「社内政治のための資産」をすぐに失ってしまう。意思決定の質のチェックリストを使えば、チェック役は「ルールに従ってやっているだけだ」と見なされるため、このデメリットを減らせる。それでも、質の高い議論はそれでも難しい。

第三に、さまざまな意見やスキルをプロセスに採り入れること。

企業によっては特別の批評チームを編成し、部外者をはじめ、他部門から持ち回りで参加する社員に計画の検討を依頼しているところもある。ある企業では、彼らは「扇動役」と呼ばれ、リーダー育成の一環としてこの役割を担わせている。別の企業では、戦略計画の一環として系統的に批評を組織化し、外部専門家を招いてその任に当たらせている。両社とも意思決定プロセス（特に戦略計画に関わるもの）について積極的に考え、それに磨きをかけるために努力している。意思決定プロセスを競争優位の源泉にしたのである。

【注】

(1) Dan Lovallo and Olivier Sibony, "The Case for Behavioral Strategy," *McKinsey Quarterly*, March 2010.

(2) Dan Lovallo and Daniel Kahneman, "Delusions of Success: How Optimism Undermines Executives' Decisions," HBR, July 2003.（邦訳「楽観主義が意思決定を歪める」ＤＨＢＲ二〇〇三年一二月号）

(3) ある対象を評価する時に、目立ちやすい特徴に引きずられて他の特徴についての評価がゆがめられる現象のこと。認知バイアスの一種。

(4) Phil Rosenzweig, *The Halo Effect: ... and the Eight Other Business Delusions That Deceive Managers*, Free Press, 2007.（邦訳『なぜビジネス書は間違うのか』日経ＢＰ社、二〇〇八年）

(5) Gary Klein, "Performing a Project Premortem," HBR, September 2007.（邦訳「失敗する前に失敗の原因を探る」ＤＨＢＲ二〇〇七年一二月号）

(6) Atul Gawande, The Checklist Manifesto: *How to Get Things Right*, Metropolitan Books, 2009.（邦訳『アナタはなぜチェックリストを使わないのか?』晋遊舎、二〇一一年）

第 **3** 章

ニアミス：隠れた災いの種

ジョージタウン大学 マクドナースクール・オブ・ビジネス 准教授
キャサリン H. ティンズリー
ジョージタウン大学 マクドナースクール・オブ・ビジネス 准教授
ロビン L. ディロン
ブリガム・ヤング大学 マリオットスクール・オブ・マネジメント 助教授
ピーター M. マドセン

"How to Avoid Catastrophe"
Harvard Business Review, April 2011.
邦訳「ニアミス：隠れた災いの種」
『DIAMONDハーバード・ビジネス・レビュー』 2011年7月号

キャサリン H. ティンズリー
(Catherine H. Tinsley)
ワシントン DC のジョージタウン大学マクドナースクール・オブ・ビジネス准教授。

ロビン L. ディロン
(Robin L. Dillon)
ジョージタウン大学マクドナースクール・オブ・ビジネス准教授。

ピーター M. マドセン
(Peter M. Madsen)
ユタ州プロボのブリガム・ヤング大学マリオットスクール・オブ・マネジメント助教授。

大事に至らなかったニアミスは危機の前兆である

ほとんどの人は「ニアミス」を、もっと悲惨な状態になりそうなところを間一髪で免れた、ぞっとする経験だと考えている。たとえば、燃え盛る建物が崩れ落ちる寸前に消防士が脱出する、竜巻が進路にあると思われた町から奇跡的に逸れる、といった場合だ。こうした出来事をすんでのことで逃れると、人は震え上がり、教訓を見つけ出そうとする。

しかし、別の種類のニアミスがある。こちらのほうがずっと一般的で有害だ。多くの場合、それは注意を引かない小さな失敗で、日常業務の中に蔓延してはいるが、すぐには害とならない。人々にはその失敗に潜む警告を誤解したり無視したりする習慣がついており、たいていは調べもしないで放置する。あるいは、システムが堅固で物事が順調な証だとする、ねじれた解釈がされることもある。

だが、このような見たところ無害な出来事が事件の前兆であることも少なくない。ほんの少し条件が違っていたり、幸運の助けがなかったりしたら、危機を招いたかもしれないのだ。

ＢＰのメキシコ湾原油流出事故を考えてみよう。この事故は、ニアミスとその読み違えがもたらす結果を分析するケーススタディとして、ほぼ完璧な例である。

二〇一〇年四月、ディープウォーターホライズン油井のセメント工事中にガス噴出が起こった。そのガスが発火して一一人が死亡し、石油リグ（掘削設備）が水没。海面下から大量の原油が流出し、その封じ込めに何カ月もかかった。何重もの判断ミスと危険な条件がこの大事故を招いた。掘削業者は鋼管の位置決めに使うセンタリング装置を十分な数用いず、潤滑性の高い「掘削泥水」を早く除去しすぎたうえ、炭化水素が油井から漏れていることを裏付ける重大なテスト結果を、管理者が正しく読み取らなかった。

さらに、BPは噴出防止装置と称する旧式で複雑なフェイルセーフ機構に頼っていたが、この装置は以前から不安定なことで評判が悪かった。同油井は最初からずっと技術的なトラブルに悩まされてきたにもかかわらず（現場の作業員は「地獄の井戸」と呼んでいた）、トランスオーシャン（リグの所有者）、BPの経営幹部、リグの管理者、掘削作業員は、なぜ警告となる兆候を見逃したのだろうか。

おそらく、関係者たちは過去に同業界で起きた一連のニアミスを見て、安心感を抱くようになっていたのだろう。過去に大事に至らなかったのは、もっぱら幸運にすぎなかったのだが。掘削される超深海油田の数がますます増える中で、重大な原油流出事故や死亡事故は非常に少なかった。たしかに、メキシコ湾の多くの油井では、セメント工事中にごく小規模な噴出が起こっていた（過去二〇年で数十例ある）。

しかしどの場合も、たとえば風向きが好都合だったり、漏れた時に誰も近くで溶接をしていなかったりと、偶然的な要因のおかげで、爆発には至らなかった。どのニアミスも、警告の発信や迅速な調査にはつながらず、既存の方法や安全手順が機能している証として受け止められた。

なぜニアミスは見えなくなるのか

筆者らは過去七年間、米国航空宇宙局（ＮＡＳＡ）や実験室のシミュレーションで、電気通信から自動車に至るさまざまな産業の数十社のニアミスについて研究してきた。その結果、一つのパターンが明らかになった。調査したどの事故や企業危機でも、事前に複数のニアミスが前兆として生じていたが、その大部分は無視されるか、読み違えられていたのだ。

研究ではさらに、いくつかの認知バイアスが重なって、マネジャーにはニアミスが見えなくなってしまうことも示された。特に、二つの性向が判断を曇らせる。

一つ目は「逸脱の標準化」と呼ばれるもので、時間が経つにつれて、異常、なかでも危険性の高いものを正常として受け止めるようになる傾向を指す。横木の壊れたはしごを使っている作業員の心境を思い浮かべてほしい。危険なはしごを無事に登る回数が増えるほど、それだけ強い安心感を抱くようになる。組織の場合、こうした標準化は破滅的事態につながりかねない。

「逸脱の標準化」は、コロンビア大学の社会学者ダイアン・ボーンが著書 *The Challenger Launch Decision: Risky Technology, Culture, and Deviance at NASA*（注）の中で用いた造語で、スペースシャトルの明らかな機械的異常が、次第に通常の飛行リスクと見なされるようになり、ついには乗組員の悲劇を引き起こす、といった組織行動を表している。

二つ目の認知エラーは「結果バイアス」と呼ばれるものだ。これは、成功に終わった結果を目にすると、どうしても、そこに至るまでの（たいていは見えない）複雑な過程よりも結末に焦点を合わせてしまう傾向をいう。ニアミスの認識とそれに基づく学習は、単なる注意力の問題ではない。注意を払おうにも、人間の性質上、難しいことなのだ。

本稿ではニアミスについて検討し、企業がニアミスを発見し、そこから学ぶ方法を明らかにする。マネジャーはニアミスであるうちにその本質、つまり有益な失敗を見出すことによって、その教訓をオペレーションの改善に活かし、破滅的事態の芽を摘み取れるようになる。

実現条件が揃った時ニアミスは危機へ発展する

参考になる実験を紹介しよう。筆者らは経営学の学生、NASA職員、航空宇宙業界の請負業者に、クリスという架空のプロジェクト管理者を評価してもらった。クリスは無人探査機の打ち上げの監督をしているが、時間に追われていたため、設計上の潜在的欠陥の調査やその分野の専門家による評価を省略するなどの一連の決定を下した。

被験者にはそれぞれ、三つのシナリオのうちの一つが示された。一つ目は、探査機が無事に打ち上げられ、データを送信できた成功シナリオだ。

二つ目は、打ち上げ後まもなく設計上の欠陥による問題が生じたものの、たまたま太陽との位置関係がよかったため、何とかデータ送信ができたというニアミス・シナリオだ。

三つ目は、設計の欠陥に起因する問題が発生し、偶然にも太陽との位置関係が悪かったため、データは送信できず、探査機も行方不明になってしまった失敗シナリオである。

クリスはどのように評価されただろうか。ニアミス・シナリオでは、どう見ても幸運だけで成功したにもかかわらず、彼の意思決定、リーダーシップ能力、全体的な任務遂行を、被験者が高く評価する確率は、成功シナリオとまったく変わらなかった。

人々は結果が成功に終わると、たとえそこに至るプロセスに明らかに問題があっても、基本的に健全だったと見なす性向がある。だからこそ、「成功すれば文句は言えない」と言われるのである。しかし、実際には文句を言えるし、またそうすべきだ。

諸研究によれば、組織の災厄が一つの原因だけで起きることはまずない。むしろ、複数の小さな、たいていは外見上取るに足りない人為的ミスや技術的な問題、あるいは不適切な業務上の判断が予想を超えて絡み合い、災厄をもたらす。それらの潜在的誤謬が実現条件と結び付くことによって、重大な失敗が生まれるのだ。

先の油井のリグの場合で言えば、ガス漏れにつながるセメント工事の手順が潜在的誤謬に相当するだろう。無風の天候や溶接工がガス漏れ箇所近くで作業していたことが実現条件に当たる。こうした潜在的誤謬と実現条件が重なると、破壊的な大火災を引き起こす。

ニアミスも同じ前提条件から発生するが、実現条件が欠けているために小さな失敗に留まり、その結果、気づかれないか、無視されてしまう。潜在的誤謬は、実現条件と結び付いて重大な失敗を引き起こすまで、長期間にわたって存在し続けることが少なくない。実現条件がニアミスを危機に変えるかどうかは通常、偶然に左右される。

したがって、実現条件の予測や制御を試みても、ほとんど意味がない。むしろ、環境が作用して潜在的誤謬から危機が生じる前に、誤りを見つけ是正することに企業は集中すべきだ。

リグの爆発は劇的な形を取った典型例だが、企業の場合、潜在的誤謬と実現条件の結び付きは、それほど派手ではなくともやはり高くつく危機、つまり潜在的誤謬に注意すれば防げられたはずの全社的な失敗を生み出すことが多い。三つの事例を検討しよう。

利用者の猛反発を招いたアップルの問題認識

二〇一〇年六月、iPhone4の発売後、アップルで起こったことを見ていこう。ほぼ発売直後から、通話切れと受信感度の低下に関する顧客の苦情が始まった。

アップルは最初、利用者に責任があるとの対応を取った。つまり、電話機の持ち方が悪く、アンテナを手で覆ってしまうことに原因があるとして、「左下の角を握らないように」と利用者にアドバイスした。CEOのスティーブ・ジョブズは、ウェブフォーラムでこの問題について利用者から質問を受けた時に、通話切れは「問題とはいえない」とメールで反撃した。

多くの顧客はアップルの態度が傲慢で無礼だと感じ、ソーシャルメディアや既存メディアを通じて不満を表明した。「隠蔽、過失、意図的な虚偽表示および設計の欠陥による詐欺」の訴え等、数件の集団訴訟が起こった。七月半ばに『コンシューマー・リポート』誌がｉＰｈｏｎｅ４の推奨を断った時点で（それまでのバージョンはすべて推奨していた）、社会的信用の危機は頂点に達した。

最終的に、アップルは態度を改め、ソフトウェアの誤りを認めて、アンテナ問題に対処するためにアップデート版のソフトウェアとｉＰｈｏｎｅのケースを顧客に提供した。

この危機の根底にあった潜在的誤謬は以前から存在していた。ジョブズが記者会見の時に実際にやってみせたように、ほとんどのスマートフォンで、利用者がアンテナに触れると受信感度が低下した。この欠陥は競合他社の携帯電話だけでなく、旧タイプのｉＰｈｏｎｅでも長年にわたって続いていた。

携帯電話の信号強度の問題も広く知られていた。このこと以外にも、とりわけ利用者の反発を招いた責任逃れの広報戦略など、危機の高まりを機に、さまざまな誤りが明るみに出た。

消費者が長年取り立てて文句も唱えずに性能上の問題に耐えてきたという事実は、戦略の成功の証ではなく、ニアミスが続いてきたことの表れだった。それが格好の実現条件、つまり『コンシューマー・リポート』誌の厳評があちこちで引用され、ソーシャルメディアで反響が拡大したことと結び付き、危機が発生したのだ。

アップルが消費者の忍耐を継続中のニアミスとして認識し、事前にｉＰｈｏｎｅの技術的な問題を是正していれば、危機は回避できたはずである。そうした認識ができなかったのは、逸脱の標準化バイアスのために、アンテナの不具合が次第に受け入れ可能な状況と見なされるようになっていたからだろう。また、結果バイアスの作用により、ｉＰｈｏｎｅの欠点に激しい抗議がないのは、自社の戦略が有効だからだとマネジャーたちが考えてしまったこともある。

だが、それは実際には幸運の産物にすぎなかった。

トヨタが軽視してきたスピードの警告

二〇〇九年八月二八日、カリフォルニア州ハイウェイパトロール隊員のマーク・セイラーは三人の家族とともに激しい衝突事故で死亡した。運転中の自動車、レクサスのアクセルペダルが不具合を起こし、時速一二〇マイル以上にまで加速していた。猛スピードで走る車からの緊急電話は、衝突前の恐ろしい瞬間をとらえており、ニュースやソーシャルメディアのあちこちで再生された。

「レクサス」を製造したトヨタ自動車には二〇〇一年以降、トヨタ車が意図に反して加速したという苦情が二〇〇〇件以上寄せられていたが、その事故が発生するまでそうした苦情を軽く見ていた。しかし、セイラーの悲劇を受けて、この問題を真剣に調査せざるをえなくなった。

トヨタは結局、二〇〇九年末から二〇一〇年初めにかけて六〇〇万台以上をリコールするとともに、八車種の生産と販売を一時的に停止した。その結果、北米だけでも売上げが推定二〇億ドル減少し、レピュテーションに対し、計り知れない打撃を受けた。

自動車の加速やスピード制御に関する苦情は、どんな自動車メーカーでもよく起きることだ。米国運輸省道路交通安全局によれば、ほとんどの場合、トラブルの原因は車両の欠陥ではなく、ドライバーのミスにある。

だが、新しい設計のアクセルを導入した二〇〇一年初め頃から、トヨタ車の加速トラブルの苦情は急増していた。一方、他のメーカーでは、その種の苦情は相対的に一定の水準で推移していた（図表3「トヨタとジェットブルーの問題」を参照）。トヨタがこの違いに着目し、何千件もの苦情の本質、つまり、それがニアミスだと認めていたなら、危機を回避できていただろう。

この場合も、逸脱の標準化と結果バイアスが、他のさまざまな要因と重なり合って、ニアミスの持つ重大な意味合いを覆い隠してしまっていた。セイラー一家の悲劇とそれに続くメディアからの非難の嵐という実現条件が現れた時にのみ、潜在的誤謬が危機を引き起こしたのである。

強引な方針が裏目に出たジェットブルー

ジェットブルー航空は二〇〇〇年の就航以来、悪天候でも果敢に運行する方針を取っており、運行中止の比率は他の航空会社よりも少なかった。滑走路が空いて離陸できるようになった時に列の先頭付近にいるために、荒天でもできるだけ早くゲートを離れるようパイロットに指示していた。そのせいで、満席の飛行機が駐機場でしばらく待機することになってもお構いなしだった。

数年間、この方針はうまくいっているように見えた。駐機場での待ち時間が耐えがたいほど長くなることはなかったし、顧客もおおかたそれを受け入れていた。とはいえ状況が突然、悪化した場合に、乗客を長時間、身動きのできない状態に置く危険があるため、ジェットブルーにとってはリスクの高い戦略でもあった。

警鐘が鳴り響いたのは、二〇〇七年二月一四日のことだ。この日、アイスストーム（氷雨を伴う大暴

図表3｜**トヨタとジェットブルーの問題**

警告のシグナルを見れば、対策が必要なことは明瞭な時でさえ、プロセスや製品設計の誤りは頻繁に見逃される。災厄を免れた小さな失敗が重なっていくにつれて、マネジャーは失敗を気にしなくなる。

トヨタ車のアクセルペダルの問題

スピード制御に関する顧客の苦情の比率（%）

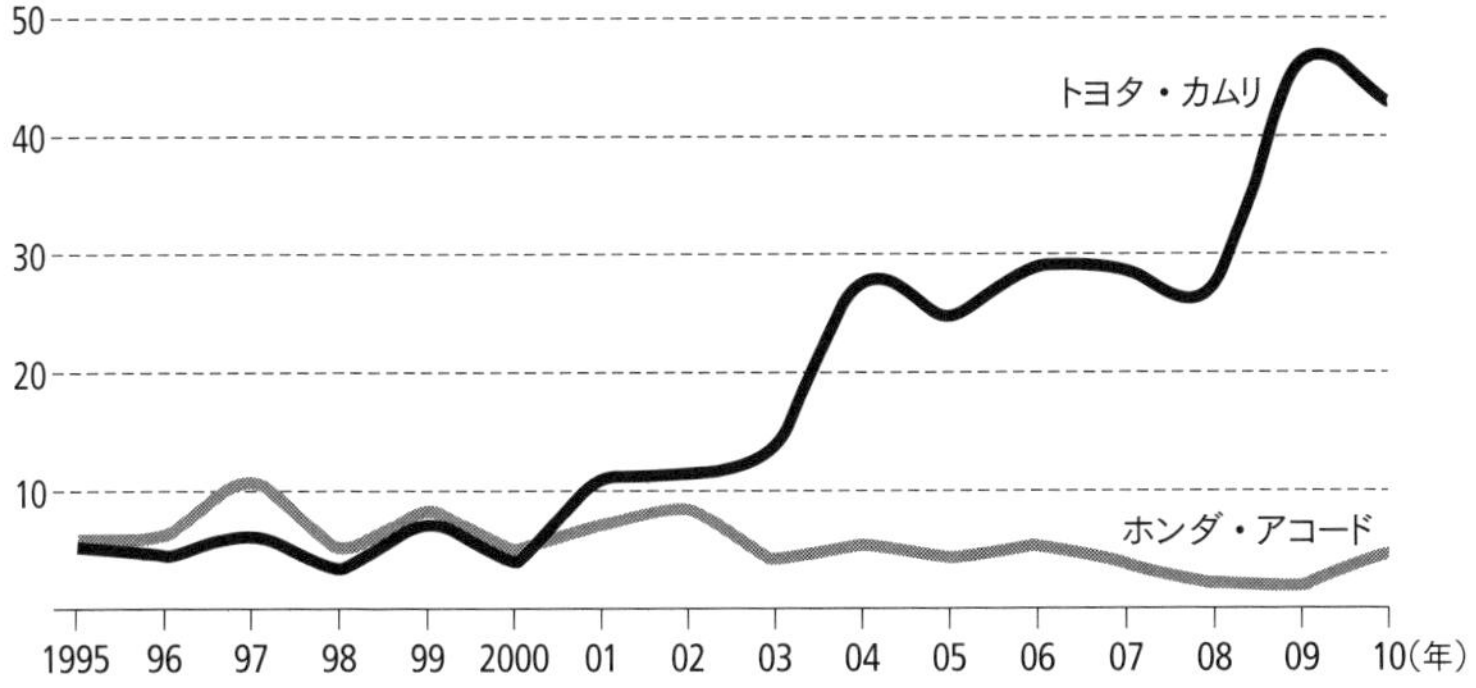

出所：米国運輸省道路交通安全局

ジェットブルー航空の駐機場のトラブル

運行1000回当たりの悪天候による2時間以上の遅延件数

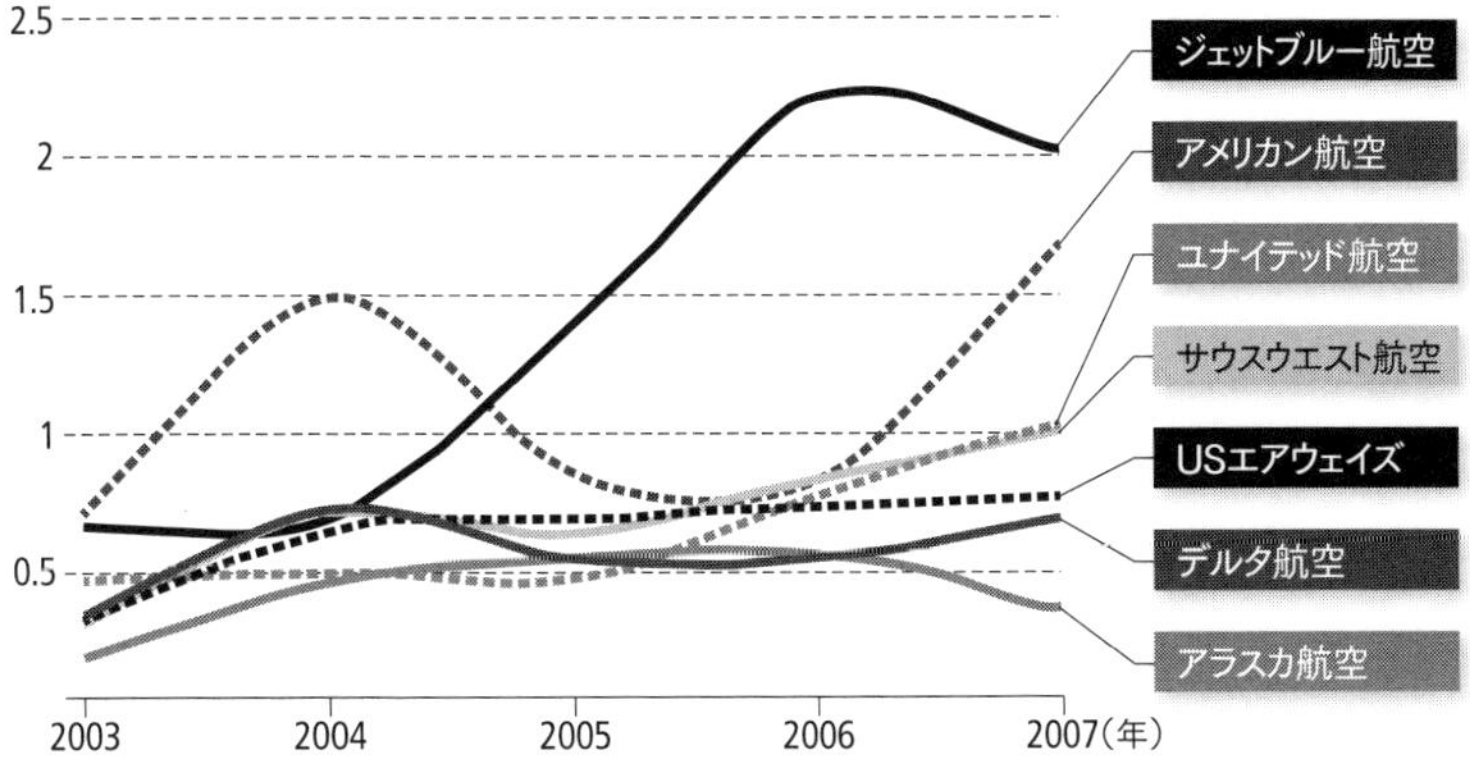

出所：米国運輸省運輸統計局

風）がニューヨークのジョン・F・ケネディ国際空港を襲って大混乱を引き起こしたが、ジェットブルーほど大きな打撃を受けた航空会社はなかった。同社の積極的なパイロットたちはいまや、駐機場で立ち往生し（なかには、車輪が凍り付いて文字通り動きが取れないものもあった）、戻ろうにもゲートがまったく空いていなかった。何機かの乗客は不安なまま、ほとんど食料も水もない状態で、悪臭のする暑苦しい客室に最大で一一時間も閉じ込められてしまった。メディアは怒った乗客がひどい体験について語る様子を何度も映し出し、CNBCの報道では、ジェットブルーのCEO、デイビッド・ニールマンが神妙な様子で「我々は実際に、顧客を飛行機から避難させるという最悪の措置を取ることになった」と認めた。その日、ジェットブルーは五〇五便中二五〇便以上が運行中止になったと発表したが、これは他の航空会社をはるかに上回る比率だった。同社は何百万ドルもの損失を出し、何よりも大切な顧客ロイヤルティを失った。

ジェットブルーにとって、それまで悪天候による遅れが出た時に、抜け駆けして離陸した何千回もの運行の一つひとつがニアミスだった。そのハイリスク戦略が成功を重ねるにつれて、当初はそうした遅延への対処法に懸念を抱いていたマネジャーも次第に気にかけなくなった。長時間の運行遅延が増えていたにもかかわらず、である。

実際に、二〇〇三年から二〇〇七年の間に、悪天候で二時間以上遅れた運行の割合は、米国の他の主要航空会社ではほぼ横ばい推移していたが、ジェットブルーではおよそ三倍に増えていた（図表3「トヨタとジェットブルーの問題」を再度参照）。ジェットブルーのマネジャーには、遅延の大幅な増加をリスクの著しい増大としてとらえることができず、離陸の成功例しか目に入らなかった。そして、猛烈なアイスストームという実現条件が現れた時、潜在的誤謬が危機へと変わったのだ。

ニアミスを認めることが危機防止の第一歩

筆者らの研究から、組織がニアミスを認識し、その背後にある潜在的誤謬を根絶するのに役立つ可能性がある七つの戦略が浮かび上がった。その戦略の多くはＮＡＳＡと共同で開発したものだ。ＮＡＳＡも当初はニアミスの重要性をなかなか認識しなかったが、いまではその発見、そこからの学習、防止に向けた全組織的なプログラムを策定しつつある。

❶強いプレッシャーに注意する

厳しいスケジュール、コスト、生産目標といった業績上の目標を達成しようとするプレッシャーが大きいほど、マネジャーがニアミスのシグナルを軽視したり、健全な意思決定の証拠だと読み違えたりする傾向が強まる。

ＢＰのマネジャーたちは、リグのリース料や請負業者の報酬により一日一〇〇万ドルの費用が余分に発生することを意識しており、間違いなくその影響から警告シグナルを認識し損なったのである。

高いプレッシャーの影響は、スペースシャトル・コロンビアの惨事の一因にもなっていた。同事故では、打ち上げ時に外部燃料タンクから剥がれ落ちた発泡断熱材がシャトルの翼を損壊した。それが原因となって、帰還して大気圏に突入した時に、シャトルが空中分解した。

管理者たちはシャトル計画の開始時からこの問題に気づいており、早くから懸念を抱いていたが、何十回もの飛行で重大事故が起きなかったため、発泡体の衝突をニアミスではなくメンテナンスの問題として扱い始めていた。

こうした典型的な逸脱の標準化に加え、その当時、NASAが国際宇宙ステーションの中核部分の完成に向けて非常に大きな政治的プレッシャーを受けていたことが、事態を悪化させた。シャトルの遅れが宇宙ステーションプロジェクトの遅延につながることを、管理者たちは意識していた。

直前に特に重大なニアミスが起こり、発泡体の衝突があらためて懸念に上り、その調査が進行中であったにもかかわらず「コロンビア」は発射された。「コロンビア」事故調査委員会は、「運行スケジュールを守ることへのプレッシャーが働いて、各種の部品やシステムが性能仕様に満たなくても受け入れようとする雰囲気が、管理者の間で次第に強くなった」と報告している。

心理学的研究が示すように、人はプレッシャーの下で意思決定を行う時、経験則に頼る傾向が強くなるため、バイアスの影響をいっそう受けやすくなる。プレッシャーの高い職場環境では、従業員が結果バイアスに支配されやすく、逸脱を標準化する可能性が高まり、自分の意思決定が健全だと思い込みがちになることを、マネジャーは想定しておくべきである。

企業は従業員に対し、プレッシャーを受けている時期には自分の意思決定を点検し、「もし時間や資源がもっとあったなら、はたして同じ決定を下すか」と自問するように勧めるべき、いや、そう要求してもよいくらいだ。

❷逸脱から学ぶ

トヨタやジェットブルーの危機からわかるように、オペレーションのある側面が標準から外れた場合、マネジャーは概して、受け入れ可能なリスクと見なす基準を変えることによって対処しようとする。

筆者らの研究では、そうした場合、意思決定者は逸脱によって示される統計上のリスクをはっきりと理解しているものの、それに対する懸念が次第に薄れていくことが示されている。こうした効果は模擬実験でもはっきりととらえることができた。筆者らは再び宇宙計画を材料に使って知見を得るために、被験者に火星探査車の運転制御の任務に就いていることを想定してもらった。

被験者は毎朝、気象通報を受け取り、探査車を先に進めるかどうかを決めなければならない。二日目に、被験者は九五%の確率で厳しい砂嵐が発生することを知らされた。嵐に遭遇した場合、探査車が壊滅的な損害を受ける確率が四〇%ある。被験者の半数は、過去に探査車が砂嵐の中を無傷で走り切ったことがある（以前、ニアミスが数回起きていたが、無事だった）と教えられていた。残りの半数は、過去の砂嵐の時の探査車の幸運について、いっさい情報が与えられなかった。

嵐の中に乗り出すリスクを冒すかどうかを選択する時が来ると、ニアミスを知らされたグループは四分の三の人々が運転の続行を選んだ。一方、他のグループでは、わずか一三%だった。両グループとも失敗のリスクが四〇%であることを承知し、実際にみずからそう語ってもいたが、ニアミスを知らされたグループのほうが、その水準のリスクを受け入れる傾向がずっと高かったのだ。

マネジャーはオペレーション上の標準からの逸脱を探し出し、それに関連するリスクを許容している理由にはたして利点があるのかどうかを点検すべきである。その際に、問うべき質問は、「その水準のリスクに以前から不安を抱かなかったか」「そのリスクに対する方針がこれまでに変更されたことがあるか」である。

❸根本的原因に迫る

マネジャーは逸脱を見つけ出すと、たいていは反射的にその原因よりも症状を直そうとする。アップルは当初、iPhone4の持ち方を変えることでアンテナ問題に対処するよう顧客に勧めたが、そうした反応がまさに一例である。

NASAも、一九九八年の火星探査機、マーズ・クライメイト・オービターの任務での手痛い体験を通して、この教訓を学んだ。火星に向かう途中で、探査機は四回にわたり針路をやや外れたが、管理者はそのつど、小規模な軌道修正で対応し、外れた原因を調査しなかった。二億ドルもするその宇宙船は、火星に接近した時、軌道に入らずに大気圏でばらばらになってしまった。NASAはその時点でようやく潜在的誤謬に気づいた。プログラマーがソフトウェアのコードに、メートル法ではなくヤード・ポンド法の単位を使っていたのである。針路の修正は、問題の根本的原因にではなく、症状に対処するものだった。見かけ上、それがうまくいったため、意思決定者は問題が適切に解決されたと思い込んでしまった。

ヘルスケア業界はニアミスから学ぶという点で大きな進歩を遂げており、他の業界にとって一つのお手本となっている。ヘルスケアサービスの提供者には、誤りやニアミスを報告して、そこから教訓を引き出し応用できるようにすることが、ますます強く求められるようになっている。

たとえば、『トゥデイズ・ホスピタリスト』誌のある記事では、イリノイ州ジェニーバのデルナー・コミュニティ病院で起きたニアミスが取り上げられている。その病院の二人部屋の患者は姓がよく似ていたうえに、処方されている薬も「サイトテック」(Cytotec)と「シトキサン」(Cytoxan)という、英語の発音が似たものだった。この類似性に惑わされて、ある看護師が薬の一つを異なる患者に投与しそうになった。

幸いにも、すんでのところで間違いに気づいた看護師は、その危機一髪の状況について詳しい報告書を提出した。病院はすぐさまその患者たちを分離するのと同時に、それ以後は似た名前の患者が同室にならないようにする方針を策定した。

❹結果に対する説明責任を求める

人々はニアミスに気づいていても、その重要性を軽視する傾向がある(**章末**「些細なニアミスと小規模な失敗」を参照)。このことから影響が生じる危険性を抑える一つの方法は、管理者に対してニアミスの評価の正当性に関する証明を要求することである。

実験で使った架空の管理者、クリスのことを思い出してほしい。彼は宇宙船打ち上げ任務を監督する際に、一部の精査を手抜きした。このクリスに対して、被験者は成功シナリオでもニアミス・シナリオでも同じように高い評価を与えた。評価者は、ニアミスが実際には事故寸前だったことに目を向けていなかったように思われる。

この研究には続きがあり、筆者らは別のグループの管理者と請負業者に対して、クリスの評価の正当性を上司に証明しなければならないという指示を与えた。ニアミス・シナリオの評価者は、自分の査定を上司に説明しなければならないことがわかっていたため、任務の失敗を伝えられた評価者と同じくらい厳しくクリスの評価を行った。この結果は、クリスが管理に長けていたのではなく、かろうじて災難を逃れられたにすぎないことを、被験者が認識していたものと解釈できる。

❺最悪のシナリオを考慮する

人ははっきりと勧められない限り、ニアミスで生じうる悪い結果を突き詰めて考えない傾向がある。たとえば、アップルのマネジャーはｉＰｈｏｎｅ４のアンテナの問題に気づいていながら、消費者の反発がどれほど強烈になりうるかまでは想像していなかったのだろう。筆者らの研究が示唆するように、彼らが最悪のシナリオを考慮していたならば、そうした危機は回避していたかもしれない。

筆者らはある研究で、接近しつつあるハリケーンが自分の家を襲う確率が三〇％ある場合に、避難するかと被験者に質問した。火星探査車の実験と同様に、以前に何度かニアミスがあったが被災を免れたと説明された被験者は、リスクを取る（この場合は、自宅に残る選択をする）傾向が強かった。

しかし、過去のハリケーンで自分の家は無事だったが、倒れた木で隣家は被害を受けたという話をすると、被験者の見方が変化した。そのグループは避難する傾向がずっと大きくなったのだ。事態を綿密に調べることは、ニアミスと成功の識別に役立ち、多くの場合、それに応じて人々は意思決定を見直すのである。

ウォルマートの事業継続担当部門のマネジャーは、そのことをよく理解している。同部門はハリケーン・カトリーナ襲来の数年前から、自社の店舗やインフラについて過去のハリケーンでのニアミスを注意深く分析し、その結果に基づいて、同社が大規模に事業展開する大都市圏が直撃された場合の計画をつくり上げていた。カトリーナがルイジアナ州に上陸する数日前には、ウォルマートは緊急指令センターの要員を通常の六～一〇人から五〇人以上に増強するとともに、現地の倉庫に食料、水、防災用品を積み上げていた。

ウォルマートは過去のニアミスから学んでいたため、周知のように、この大災害で地方や連邦機関をしのぐ対応を見せた。ジェファーソン郡のハリー・リー保安官は、「米国政府がウォルマートのように対応していたら、これほど危機的事態になっていなかったはずだ」と述べた。

❻各段階でプロジェクトを評価する

問題が生じると、マネジャーは普通、事後分析によって原因を突き止めて再発を防ごうとする。しかし、事態が順調に進んだ時は、成功の経過を正式に検討して教訓を得ようとする人はまずいない。ニアミスは外見上、成功に似ているため、精査が行われないことが多い。

NASAのゴダード宇宙飛行センターの最高ナレッジ責任者、エドワード・ロジャーズは、プロジェクトの節目節目でチームがそれまでに学んだことを検討する「ポーズ・アンド・ラーン」プロセスを導入した。ポーズ・アンド・ラーンでは、失敗を取り上げるだけでなく、成功と見られる事例や途中で考えられた設計上の意思決定も明確な検討対象とする。現在進行中のプロジェクトを批判的に検討することによって、結果バイアスを避けることができ、ニアミスをあるがままの姿でとらえられるようになる可能性が高まる。

こうした検討会議に続いて、より多くのチームを集めた知識共有のワークショップが実施される。NASAの火星計画を管理するジェット推進研究所を含めて、NASAの他のセンターも同様の実験的試みに着手している。ロジャーズによれば、ポーズ・アンド・ラーン・プロセスを活用したプロジェクトの大部分で、通常は気づくことのなかった設計上の欠陥などのニアミスが発見されている。「NASAのほぼすべての事故は、決定的瞬間まで見過ごされてきた一連の小さなシグナルに遡ることができる」とロジャーズは述べている。

❼落ち度を認めた者を報奨する

ニアミスに目を向け、対処するためには、組織として注意力を高めることが必要になる。だが、人々がニアミスを公表するインセンティブを持たなかったら、あるいはもっと悪いのは、公表に後ろ向きの気持ちになっていたら、どれほど注意を払っても失敗を防ぐことはできないだろう。

多くの組織では、従業員に失敗について口をつぐむべき理由があり、そうした環境では、彼らはたいていニアミスの疑いを自分の胸に収めてしまう。

政治学者のマーティン・ランドーとドナルド・チザムは、そうした事例の一つについて語っている。これは軍艦の甲板で起きた出来事だが、どの組織にも参考になるだろう。空母に乗り組んでいたある下士官は、戦闘演習中に甲板で道具を落としたことに気づいた。甲板に転がっている道具がジェットエンジンに吸い込まれると、惨事を引き起こしかねない。その一方で、過ちを申し出ると、演習が中止になって罰を受ける可能性があることも認識していた。その道具が行方不明になっている状況で、無事に済んだ離着陸はいずれも幸運の賜物であり、ニアミスに当たる。その下士官は自分の過ちを報告した。演習は中止となり、飛行中の航空機はすべて陸上基地へと行く先を変え、多大な費用がかかった。

その下士官は過ちを犯したことで罰せられるどころか、正式な式典で艦長から過失を報告した勇気を称えられた。どのような組織であれ、リーダーはそのスタッフの責任である場合も含め、ニアミスを明らかにしたスタッフに対して公に報いるべきである。

＊　＊　＊

二つの要因が重なってニアミスからの学習を困難にしている。すなわち、認知バイアスがニアミスを見えにくくし、はっきりと見えている場合でも、リーダーはその重要性をとらえ損う傾向がある。そのため、コストが低く抑えられるにもかかわらず、組織が潜在的誤謬を明るみに出して是正できないことが多い。その結果、災厄によって打撃を受ける前に、組織的な改善を図る機会を失ってしまうのだ。

こうした傾向は、それ自体がある種の組織的な失敗、つまり「安価」なデータから学べない失敗に当たる。ニアミスを浮かび上がらせ、その根本的原因を是正することは、組織としてなしうる最も健全な投資の一つである。

些細なニアミスと小規模な失敗

本稿では、ニアミスが大きな災厄の前兆となりうることを例示するために、原油流出やスペースシャトルの惨事といった大きな事件を取り上げた。しかし、ニアミスはマネジャーにとって日常業務のあらゆるレベルで意味を持っている。たとえ規模が小さくても結果的に重大な問題の予兆となることがあるからだ。

たとえば、職場の安全に関する調査によれば、一〇〇〇個のニアミスにつき、重大な傷害事故か死亡事故が一件、軽度の傷害事故が少なくとも一〇件、傷害を伴わない物損事故が三〇件起こると推定されている。ニアミスを見つけ出し、その原因となる潜在的誤謬に対処することで、組織を悩ませ、その資源を蝕む、より日常的な問題を防ぐことができる。

期限を守らず、クライアントとの会合にいつも遅刻するが、ほかの点では優秀な社員がいるとしよう。その一つひとつのプロジェクトの遅延や遅刻がニアミスに当たる。上司は問題の症状に対処することで、つまり、その従業員の失敗をさまざまな方法でカバーすることで、クライアントを失わないようにするだろう。

しかし、そのことによって、顧客満足、チームのまとまり、組織全体の成績に、些細だが重大な害が及ぶのを許してしまうことになる。そして結局は、クライアントが逃げ出すことになりかねない。ニアミスにしっかり対応していれば、そうした結末は避けられたはずだ。

あなたの組織が原油流出ほどの重大な脅威に直面していないとしても、あらゆる種類のニアミスを明るみに出し、その根本的原因に対処することから、成果を引き出せる。

【注】

Diane Vaughan, *The Challenger Launch Decision: Risky Technology, Culture, and Deviance at NASA*, University of Chicago Press, 1996.（未訳）

第**4**章

対話が組織の実行力を高める

元 ハーバード・ビジネス・スクール 教授
ラム・チャラン

"Conquering a Culture of Indecision"
Harvard Business Review, April 2001.
邦訳「対話が組織の実行力を高める」
『DIAMONDハーバード・ビジネス・レビュー』2002年1月号

ラム・チャラン
(Ram Charan)
ハーバード・ビジネス・スクールおよびノースウェスタン大学ケロッグスクールで教鞭を取った経験を持つ。ゼネラル・エレクトリック、フォード、デュポン、EDSおよびファルマシアなどの企業の経営幹部にコンサルタント業務を行う。著書に *What the CEO Wants You to Know: How Your Company Really Works*, Crown Business, 2001.（邦訳『ビジネスの極意は、インドの露天商に学べ！』角川書店、2001年）などがある。

よくある不毛な会議

四半期に一度の幹部ミーティングでのこと。新製品への投資が提案されている。資料は分厚く、投資額は大きい。説明が終わった。沈黙が襲う。全員うつむくか横を向くかで、けっして視線を上げようとしない。誰かが口火を切るのを待っている。自分の意見は言いたくないのだ。少なくともボスが賛成なのか反対なのかがわかるまでは。

痛々しいほどの沈黙を破り、ようやくCEOが発言する。きっちりデューディリジェンスは済ませてきた、と言わんばかりに、若干の疑問をはさんだ二、三の質問をする。彼がこのプロジェクトの支持を決めていることは明らかだ。すぐに他の出席者もCEOに同調し始める。前向きな意見に留めるように気を遣いながら。発言内容から判断すると、出席者一同がプロジェクト支持のようだ。

ところがこの「ようだ」というのがくせ者だ。実は、関連部署の部門長は自部門のリソースが、新規プロジェクトに持っていかれることを心配している。製造部門の副社長は、初年度の売上予測が恐ろしく楽観的な計画となっているので、商品が売れ残って倉庫にあふれることを懸念している。他の出席者は、このプロジェクトが自分にとってプラスかマイナスかわからず、熱が入らない。それでも、けっして誰も反対意見を口にしない。

会議は結論の出ないままお開きになる。その後の数カ月で、プロジェクトは戦略、予算およびオペレーション上の理由から緩慢な死を迎えた。こうなった責任が誰にあるかははっきりしない。だが、見かけのコンセンサスとは裏腹に出席者の本音が反対であったことは明らかだ。

「何だかどこかで聞いたような話だな」と思われるだろう。筆者は大手企業や経営者などにコンサルティングを行ってきた。その中で、企業の最上層部でも、会議での沈黙に欺かれたり、アクションプランの作成を怠ったばかりに、誤った意思決定を下すケースを、数多く目にしてきた。「誤った」という表現を使ったのは、こうした意思決定がいずれは仕切り直しになるからである。それは、会議では伏せられていた問題が後になって浮かび上がったり、計画が実行に移されなかったりするためである。

四半世紀にわたってじかに企業を観察してきた結果、こうしたケースには共通点があるという結論に達した。社内の対話が不毛であることだ。

人間同士の対話は何らかの結果を生み出すはずなのに、これが不毛に終わっている。決断を下し、それを実行する立場の人間たちが、お互いに十分な意思疎通を図っていない。社内の上下関係への気兼ね、形式への囚われ、信頼感の欠如などが足かせとなり、確信が持てないまま口先だけの意見を述べる。心底打ち込めないので、計画を実施すべき人間が断固とした行動を取らないのだ。

こうした不毛な対話は、けっして特殊なケースではない。大なり小なり、これが企業内で意思決定される――あるいは、されない――場合の典型的なパターンである。

断固たる行動が取れない原因は、組織風土にある。また、従業員には変えようとしても変えられないもののように思える。だが、「思える」という言葉にも要注意だ。なぜなら、意思決定力に欠けた組織風土をつくり出したのはリーダーだが、それを変革できるのも、実はリーダーだからだ。

変革に用いる主要な武器となるのは、人間同士の相互作用――すなわち対話――である。固定観念に挑むかどうか、情報を分かち合うかどうか、不協和音を表面化させるかどうか――いずれも対話を通じて行動に移されるのである。組織において対話は、業務の基本要素である。人を集めてどのように情報を加工するか、意思決定をどう下すか、そしてお互いについてどう感じ、決定内容をどう思うか。これらは対話の質によって決まる。対話をきっかけに新しいアイデアが生まれ、推進力がつき、それが市場における競争優位の確立につながる。

対話は知的労働者の生産性と育成の礎となる最も重要な要素である。まさに、対話の中身とスタイルとが従業員の行動や信念――すなわち、組織風土――を形成する。その影響は、筆者がこれまでに研究してきた給与体系や組織改革、将来構想などよりも、いち早く表れ、かつ永続する。

意思決定力に欠けた組織風土を改めるためには、社員に率直な態度を学ばせ、信頼関係を育むリーダーが必要だ。社員と接触するたびに、その機会を利用してオープンで正直、かつ意思決定を導く対話とはいかなるものかを示すことにより、リーダーは組織全体の対話スタイルを確立することである。

しかし対話スタイルを確立するのは、意思決定力に欠けた風土を変革するための第一歩にすぎない。

次のステップは、「組織運営メカニズム」で率直な対話がなされるようにすることである。ここでいう組織運営メカニズムとは、幹部による経営委員会、予算および戦略レビュー会議など、企業にとって重要事項を決定する場のことである。こうしたメカニズムが対話の場となる。これらを緊密に関連付け、一貫性をもって運営すれば、意思決定から実行に移すまでのアカウンタビリティの明確な流れが確立する。これが第二のステップだ。

意思決定力のある組織風土へと変革するための最後のステップは、フォロースルー（最後までやり遂げること）とフィードバックである。成功したリーダーは、この二つを活用して、優れた実績を上げた者には報い、苦戦している社員にはコーチングを行い、企業成長のネックとなる者の行動を改めさせようとする。

以上をまとめると、リーダーは社員との対話を重視し、組織運営メカニズムを注意深く設計し、適切なフォロースルーとフィードバックを与えることによって、意思決定力のある組織風土を育てることができるのである。

すべては対話から始まる

成功した企業に関する研究は、えてしてその商品、事業モデルあるいは経営上の強みに集中しがちだ。世界を征服したマイクロソフトのOSであるウィンドウズ、デルコンピュータによる大衆向けカスタムメイドのPC生産、ウォルマートの果敢なロジスティックス革命などがしばしば研究の対象となる。しかし、最も成功した組織とそうでない企業とを分ける真の要素は、商品や経営上の強みではない。そのいずれもが借りたり、模倣したりできるからだ。簡単に模倣できないのは、意思決定を導く対話と、強固な組織運営メカニズム、そしてこの二つにフォロースルーとフィードバックを結び付けることである。これらの要素が組織にとっても最も持続的な競争優位を構築する。また同時に、リーダーが示し、ゆえに組織全体に影響を与える対話の性格に、これらの要素は大きく左右される。認識することのほうがわかりやすい。

意思決定を導く対話とは、どのようなものだろうか。それは定義するより、認識することのほうがわかりやすい。鋭敏さと創造力を奨励し、ばらばらで無関係と思われるアイデアに一貫性を持たせるものである。また、意見の対立による緊張関係を表面化させて、その後、問題に関わる意見をとことん発言させることにより、その緊張を解きほぐすものである。つまり、こうした対話は意見の主張というより、むしろ知的な応答のプロセスであり、論争というよりは真実の探求である。このため社員は対話の結果に対してコミットメントできる。また、結論へのプロセスに関わっているために、その結果は「正しい」と考える。社員は活気付き、行動を起こす気になる。

それほど昔のことでもないが、筆者はリーダーの対話のパワーによって、組織風土が形成されていくところを目の当たりにした。ある米国の多国籍企業の本社でのことだ。同社の中でも最大級の事業ユニットの部門長が、CEOと幹部数人に戦略に関するプレゼンテーションを行っていた。彼は自信を通り越して、ほとんどうぬぼれとも感じさせる口調で、欧州市場で第三位という現在の位置からナンバーワンの座に躍進するための戦略を説明した。野心的な計画であるとともに、その成否はドイツで素早く相当大きな市場シェアを獲得できるかどうかにかかっていた。ドイツでの最大のライバルはこの事業部の四倍ほどもある現地企業であった。CEOは、刺激的なビジョンを持った戦略であるとプレゼンテーションをほめた。その後、この計画に現実性があるかどうかを確かめるために対話を開始した。

「いったい、どうやってこんな利益を上げるつもりなのかな」と彼は疑問を口にした。

「代替案としてはどんなものを検討したのかね。どういった顧客を獲得する計画だい」。事業部の部門長はそこまで先のことは考えていなかった。

「新しく独自性のあるやり方に対して、顧客のニーズをどのように把握したんだね」

「営業担当者は何人いるんだね」ともCEOは尋ねた。

「一〇人です」と事業部長は答えた。

「最大のライバル企業には何人いるんだい」

「二〇〇人です」とおどおどした答えが返ってきた。

ボスは追撃の手をゆるめなかった。

「ドイツ支社を運営しているのは誰だったかな。彼は三カ月前までほかの部門にいたんじゃなかったかい」

会話がそこで終わっていたら、CEOはこの事業部長に単に赤恥をかかせて意気消沈させただけであっただろう。また、会議に臨席した者は、野望に満ちた計画を立てるリスクがいかに大きいか、という印象を受けただろう。

しかしCEOは、この戦略をボツにして事業部幹部の士気をくじくことはなかった。質問を通じてコーチングを行うことにより、対話に現実性を持たせたかったのだ。歯に衣着せぬ、かといって怒っているのでも非情な言い方でもない。彼は事業部長に、敵の本陣であるドイツで手強いライバルに戦いを挑むには、単なる意気込みだけでは不十分であることを諭したのである。正面から攻撃する代わりに、CEOは以下のことをしてみてはどうか、と提案した。

●ライバルの弱点を探し、その分野での戦略実行のスピードで勝負してはどうか。
●ライバルの商品ラインアップに欠けているものを探し、それを開発できないか。
●そうした商品を購入する可能性が最も高いのはどういった消費者か。
●その消費者に狙いをぴったり絞ってはどうか。
●全般的な市場シェア拡大を狙う代わりに、市場をセグメント化し直してみてはどうか。

袋小路に突き当たったと見られた状況も、CEOが新たな角度から洞察を加えたことで、突如、道が開けてきた。そして散会するまでには、この事業部長が再度、戦略を検討し、より現実性のある代替案を三カ月後に提出することが決まった。提案した戦略を徹底的にやっつけられたこの顛末の主役は、新たな挑戦を受けて活力が湧き出るのを感じていた。そして、目前の課題にいちだんと集中できそうだ、という新たな気持ちで会議室を去った。

ここで何が起こったのかを考えてみよう。CEOの意図は最初は判然としなかったかもしれない。だが、彼は権威を誇示したり、事業部長をおとしめようとしたのではない。市場競争の現実を甘く見てはいけないことを確かめ、事業の将来性に対する洞察と組織的なケイパビリティ（能力）とはどうあるべきかを確認し、そしてきちんと問いかけるという高度な術を出席者にコーチングしたかったのである。彼は個人的な理由からではなく、事業面から戦略提案に疑問を投げかけたのだ。

この対話の影響は、社員の態度と行動に陰に陽に表れた。彼らが会議室を後にした時は、型にはまらないやり方で市場機会を探らなければならないこと、そして、鋭い質問は避けられないので、これに答える準備が必要であることを学んだ。また、CEOが彼らの味方であることもわかった。いっそうの事業拡大が可能であること、行動を起こす必要があることもこれまで以上に納得できた。

影響はそれだけではなかった。彼らはそれ以降の会議で、CEOのスタイルを取り入れ始めたのだ。たとえば、この事業部長が部門の幹部との打ち合わせで、ドイツ市場への新たなアプローチを手短に説明した時のことだ。彼は、営業部門のトップと商品開発部門のトップに質問を発したが、それは正確かつ要点を突き、新戦略を実践に移すことを直接狙ったものだった。彼は他人と向き合う時のCEOのスタイルとともに、情報を引き出し、取捨選択し分析する手法を学んでいた。

ただし、CEOはそこで事を終わらせなかった。彼は、対話の要点と実践すべきアクションとを一ページの手書きのメモにまとめ事業部長に出す、というフォローアップを行った。そして三カ月後に再び会議を招集し、再検討した戦略について話し合った（意思決定に導く対話についての詳細は、**章末**「対話を殺すもの」を参照）。

対話から行動が生まれる組織運営メカニズムを構築する

対話を持つ「場」は、対話自体と同様に重要である。意思決定力のある組織風土では、組織運営メカニズムにおいて四つの特徴が見られる。それは「オープン」で、「忌憚なく」、「形式にこだわらない」対話と「アクションプランが作成されること」である。

まず、「オープン」であるというのは、対話の結論を初めから決め付けない、という意味だ。それに代わる案はないか、新しい発見はないか、と真摯な気持ちで探ろうとすることである。「聞きもらした意見はないかい」といった質問は社員の気持ちを引き付け、あらゆる側の意見を喜んで聞く姿勢がある、という意図を伝えることになる。リーダーは活気のある話し合いを実現し、集団が学習し、信頼し合い安心できる雰囲気づくりをする。

「忌憚のなさ」というのはこれとは若干異なる。これはすすんで口にしにくいことを発言し、履行されていない責務を明らかにし、表面的なコンセンサスとは裏腹に、対立意見があることを伝えることである。忌憚のなさは、チームの一員としてかく発言すべしと考えることではなく、自分の本当の意見を語ることである。これによって、行動に移す気もないのに同意する場合に見られるような「沈黙による嘘」や、反対意見を封じ込めるような姿勢はなくなる。また、生産性を損う原因となる決定の見直しや、不必要な仕事のやり直しを防ぐ効果がある。形式にこだわっていては忌憚のない対話はできない。型にはまったプレゼンテーションや発言は、会議全体の流れを周到に準備された台本通りにあやつられているかの印象を与える。

「形式にこだわらない」態度はこれと逆の効果を生む。自己弁護に回る場面も減る。質問し、正直な反応を示すことを以前より楽に感じるようになる。またその場で自然に出た反応は、人々を活気付ける。

これとは逆に、「アクションプラン」は対話にタガをはめるものだ。会議が終わる時には、自分が何を実施すべきかを正確に知り、断固行動を起こせるように、責任をもって行うべき課題とデッドラインとを示すものがアクションプランだ。これはリーダーの芯の強さと知性を試すものでもある。アクションプランもなければペナルティもない環境は、意思決定力に欠ける組織風土を育てる第一の原因となる。しっかりとした組織運営メカニズムには、一貫してこの四つの特徴が備わっている。こうしたメカニズムは適正な人材を参加させ、適切な頻度で開催される。

一九九九年の初頭、エレクトロニック・データ・システムズ（EDS）にトップとして入社したディック・ブラウンは、新たな社風を育てようと決心した。「協働」「オープン」「意思決定力」という理想を口先だけで同調を得るのではなく、これを心底実現させたかった。だがそれは大仕事であった。

EDSの社員は利発で押しが強いことで知られる。協調するより競争し合う場合のほうが多いという評判もあった。組織の特徴は一匹狼的な気質であった。情報の共有や、事業部門同士の協力体制を促進するようなインセンティブはなかった。一匹狼的な行動や、目標未達の場合のペナルティもあまりなかった。そして意思決定を避ける態度が蔓延していた。同社のあるOBは、「会議、会議、また会議。誰も意思決定できないし、またそのつもりもなかった。その必要もなかったんですよ。なぜならアカウンタビリティがないんです」と語っている。EDSは取引先を失いつつあった。売上高は横ばいで利益は下降、株価も大きく下げていた。

ブラウンの経営哲学の中心は「経営者が許容すれば、社員は甘えた行動しか取らない」というものだった。彼は入社から一年かけて、六つの組織運営メカニズムを導入した。これにより、社内にはびこる個人主義と情報の抱え込みというこれまでの風潮を自分は許容しない、という信号を送った。

そのメカニズムの一つは、社内で「パフォーマンス・コール」（業績レビューの電話会議）として呼ばれるものであった。一カ月に一度、世界各地から一〇〇人前後のＥＤＳ幹部が参加する電話会議である。ここでは前月の実績と重要なアクションを細部にわたってレビューする。透明性と情報の同時共有化がルールだ。もう情報を抱え込むことは許されない。今年、ターゲットを達成しそうなのは誰か、見通しを上回る成績を上げるのは誰か、下回っているのは誰か。これらが周りに知れわたることになる。目標に及ばない者は、何が問題で、どのように軌道修正する計画かを説明しなければならなかった。マネジャーは、問題を「評価」「見直し」あるいは「分析」しています、と言うだけでは十分ではなかった。それは行動している者が使う言葉ではない、とブラウンは言う。それは行動を起こす準備段階にある者が使う言葉である。ブラウンの前でこうした言葉を使えば、そのお返しに次の二つの質問が浴びせられる。「分析が終わったら、君は何をするつもりだい」「いったいいつ、それをやるつもりかね」

ブラウンの部下は、この二つの質問に十分な答えをするしか方法はなかった。それが意思決定を下し、実行に移すことにつながるのだ。

パフォーマンス・コールのようなメカニズムは、大型の組織にあって避けがたい対立を表面化させ、解決する場でもある。特に、売上げを急拡大させるためのクロスセリングとなると、ことさら重要だ。たとえば二つの事業部が同一の顧客を狙っているかもしれないし、ある事業部の顧客が別の事業部の顧客に買収されるかもしれない。このような場合、どちらの事業部が主導権を取るべきだろうか。合併後の顧客を担当するのはどちらの事業部とすべきだろうか。これらを解決することは極めて重要である。これを放置することは、単にエネルギーを消耗させるだけでなく、組織として断固たる行動を取る能力を萎縮させてしまう。

ブラウンは部下を促してこのような利害対立を表面化させる。なぜなら、これこそ組織が健全であることの証だと考えているからでもあり、自分が提唱する対話のスタイルを示してみせる機会でもあるからだ。彼は対立とは個人的なものではないことを従業員に認識させることにより、意見が一致しなくても大丈夫である、という環境をつくり出そうと努めている。

世界的な規模の組織では、どこでも対立は避けられない。そして、全員が組織の一隅からではなく、組織全体という視点から物事を考えるためには、こういった環境づくりが必須条件だとブラウンは信じている。自己の事業部に有利な解決策を探る代わりに、彼らはEDSとその株主にとってベストな解決策を求めようとするであろう。簡単で、当たり前のことのように聞こえるかもしれない。しかし、かつては一匹狼的な態度と自己の利益追求が特徴であった組織においては、対立を解決させるために表立った行動が不可欠だ。そうしなければ、会社全体と自己の利害を一致させる必要性を社員にわからせることはできないのである。いったんメッセージを伝えればそれが理解されると思い込むのは間違いだ。繰り返し伝えなければ、行動は変わらない。毎月のパフォーマンス・コールのような場で何度も繰り返してメッセージを強調すること――および、それに従ったか否かで従業員に報いたり、ペナルティを与えたりすること――は、社員の行動を変革させるためにブラウンが使う最も強力なツールの一つである。行動の変化が、やがては真の風土変革を導くのだ。

あらゆる会議に出席し、すべての意思決定を下すことができるリーダーはいない。またそうすべきでもない。しかし、リーダーは自由な発言を許しつつ、生産的な会話を促すような組織運営メカニズムを設計することにより、従業員の課題や業務への取り組み方に強い影響を与える。実際に、意思決定力のある風土への変革という大仕事が成されるのは、こうしたメカニズムを通してである。

意思決定力のある組織風土へと転換を図るために、組織運営メカニズムを活用している別の企業を紹介しよう。製薬分野の世界的大企業であるファルマシアである。同社は、筆者が顧客に繰り返し強調するポイントを実践している。すなわち、「組織構造で分担」し、「運営メカニズムで統制」するという点である。また、組織構造の重要性も付け加えておこう。もし組織が業務、機能および責任を分担しなければ、けっして何事も成し遂げられない。

さらに、ある構造下に置かれたさまざまな活動を一つの目標に向かわせるためには、組織運営メカニズムが必要だ。巧みに設計されたメカニズムは統制の役割を果たす。しかし、このメカニズムがどれほど巧みに設計されていようとも、それを適切に働かせるためには、意思決定を導く対話が欠かせない。

一九九五年のアップジョンとの合併から二年後、ファルマシアのCEOであるフレッド・ハッサンは統合後の企業にまったく新しい組織風土を育てることに乗り出した。彼が構想した組織風土は、コラボレーション、顧客中心主義、スピードであった。それは、世界各地に点在し性格もまったく異なる人材を束ね、市場を牽引する医薬品を開発する企業、そしてそれを他社よりも迅速に行える企業であった。コラボレーションを導くための主なメカニズムとして、さまざまな事業部門や業務部門のリーダーたちは、頻繁に生産的な対話を行う。

ファルマシアは、医薬品に対する抵抗力が強い感染症を治療するために、次世代抗生物質の開発に取り組んでいた。これは、同社の経営陣による風土変革の動きが実を結んだかどうかを試す絶好の機会となった。指揮を執ったのは、R&D部門のトップであるギョーラン・エンドー博士とグローバルビジネスマネジメントのトップであるキャリー・コックスである。二人は、同社有数の化学者、臨床医学者およびマーケティング担当者が属する三つの部門に新しい組織運営メカニズムを起動させた。この三つの部門を定期的に集めること自体が大胆な動きであった。

製薬開発は一般的に流れ作業で行われる。ある化学者のグループは新薬発掘の基礎研究を行う。次に、その結果を第二のグループに引き渡し、彼らはその薬剤を、一年以上にわたって臨床試験にかける。それがFDA（米国食品医薬品局）の承認を得られれば、マーケティング部に引き渡され、彼らはマーケティング計画を練る。そこでやっとその医薬品は営業部門に引き渡され、彼らは医師や病院にそれを売り込む。

二人のリーダーは、このような流れ作業的アプローチの代わりに、化学者、臨床医学者およびマーケティング担当者が、新薬開発とマーケティングの全体に共同で責任を持つ取り組み方法を採用した。患者のニーズによりよく対応し、高い売上げを期待できる製薬を開発することと、迅速に競争優位を築く体制固めとを狙ったのだ。また、これを今後のコラボレーション体制のプロトタイプともしたかった。

同社の給与体系はこのコラボレーションを補強すべく、給与額をグループとしての動きと明確に連動させるものだった。メンバー全員の給与は医薬品を市場に導入するまでの時間、その医薬品が黒字転換し、かつ市場シェアが最大となるまでにかかった時間、そして全体の売上高に基づくものであった。この給与体系は、メンバーが互いにオープンに話し合い、気兼ねなく情報を共有することを促進する強い刺激材料となった。

ところが創造的なひらめきが欠けていた。初めの頃は、何回か製薬開発グループが打ち合わせを行うと、もっぱらお互いの差異ばかりが目についた。それほど違いが大きかったのだ。月並みな表現だが、化学者、臨床医学者およびマーケティング担当者は話し方も、考え方も、他者との関わり合い方もまったく異なる傾向がある。また、おのおのは株主や顧客の利害よりも自己の利益と見なすものを護る傾向がある。エンドーとコックスが対話に割って入ったのはこの時点であった。彼らはグループに、他者とうまくやっていくことは重要であるが、それより大切なのは患者のニーズを満たし、競合他社に勝つ医薬品を製造することである、ということを思い出させた。

ともに行動することで、二人のリーダーは、グループの対話を共通の課題に絞った前向きなものへと導いた。彼らは医薬品の開発とマーケティングについての自分たちの知識と経験から、どのようにすれば、化学者たちがマーケティング担当者の考え方を、マーケティング担当者が化学者の考え方を、多少なりとも学ぶことができるかを身をもって示した。

彼らは対立を解決することへの感情的な抵抗感にも公然と取り組んだ。それは、悪意を抱くことなく、共通の目的を見失うことなく、どのようにして意見の対立を明らかにするか――時には強い調子で――を具体的に示すためであった。実際、このグループが下した意思決定と、その結果開発された有望な医薬品は大きな成功をもたらした。そこで功を奏したのは、ある対話であった。

この対話を振り返ってみよう。研究と試験の過程を簡略化するために、グループの化学者たちは限られた種類の感染症にのみ有効で、かつ通常の抗生物質が効力を発揮しない急性の場合にのみ「救済的治療薬」として使える抗生物質を探り始めた。しかし、マーケティング担当者とことん話し合ううちに、医師がさまざまな感染症に効く医薬品を受け入れる傾向があるとの情報が得られた。彼らが望んでいるのは、急性感染症の発病の初期段階で治療を始めることにより、完全治療できる医薬品だった。また、それは点滴による大量投与という形態でも、丸薬による少量の服用という形態でもかまわなかった。化学者は、開発の方向性を転換させた。その結果「ザイボックス」という医薬品が誕生した。これは製薬業界における、近年最大級の成功事業となった。また、部門を超えたコラボレーションと迅速な実行能力を特徴とする風土を育てようとする、ファルマシアの変革運動のシンボルともなった。

このグループは対話を通じて、化学者、臨床医学者およびマーケティング担当者がばらばらに行動していたのでは、構想することも実現することもできなかったような商品を誕生させた。そして、このオープンな対話を生み出した運営メカニズムは、現在ファルマシアの標準的なものとして定着した。

フォロースルーとフィードバック：対話を育む二つの要素

フォロースルーは意思決定力のある組織風土にあっては、あたかもDNAのように、組織内部にもともと組み込まれているものである。そして、個人レベルでも、電話での他者とのやりとりでも、あるいは運営メカニズムのルーチン的な行動でも発揮される。フォロースルーがないと業務遂行上の規律を乱し、優柔不断さが蔓延する。

意思決定力に欠けた組織風土も、社員が常に率直であらざるをえない状況に置かれると、変化し始める。そして、率直さを促すうえで、実績評価と給与査定という仕組みほど効果的なものはほとんどない。

ことに、それが組織運営メカニズムと明確に結び付いていればなおさらだ。

ところが実績評価のプロセスは、本稿の冒頭で描いたような会議と同じく、形骸化していることがあまりに多い。従業員もマネジャーも、これをできるだけ早く終わらせたいと考えているようだ。

「評価用紙の該当箇所にマル印をつけてくれ。この調子で今後も頑張ってな。昇給額は○○ドル。来年も必ず昇給を受けるようにしようぜ。悪いな、行かなきゃならん。お先に」

ここには真の対話はない。フィードバックもない。最悪なのは、時にはつらい事実でも、自己の成長と育成に役立つものを従業員に学ばせる機会がない、ということだ。

いかに優秀な給与体系でも、忌憚のない対話とリーダーの毅然たる態度がなければ無と化してしまう。

ＥＤＳのディック・ブラウンは、マネジャーが部下と忌憚のない対話を持たざるをえなくなるような実績評価と給与査定のプロセスを編み出した。同社では、全社員に五段階評価で評点をつけ、同僚と比べてどれだけ優れていたかによって給与額を決める。これはディック・ブラウンが導入した新しい仕組みの中でも、最も物議をかもしたものの一つであった。ダーウィンの適者生存説のように勝者と敗者を区別するもので、一緒に働く仲間同士をけしかけて争わせるようなものだ、と見る従業員もいた。これに対してブラウンは、それはこの査定システムの目的ではない、と主張する。彼は、五段階評価は同社で最も実績を上げた従業員に報い、出遅れた者にどこを改善すべきかを示す、最も効果的な方法だと見ている。

しかしこの査定システムを意図通りに機能させ、人材の層を厚くするという目的を果たすためには、正しい対話のやり方が必要だ。リーダーは直属の部下、なかでも自分が最低の評価を与えた部下には、正直にフィードバックを与えなければならない。

ブラウンは最初の査定結果を出してからほどなくした頃、ある従業員と交わした対話を覚えている。彼はEDSで最高の実績を上げている者の一人だと考えていた。しかしこの従業員は、トップどころか最低に近い評価を受けたことを知り、ショックを受けた。「いったい、どうしてなのですか」と彼は尋ねた。「今年も去年と同様によい仕事をしました。去年、私の上司は最上級の評価をしてくれたんですよ」と彼はさらに追及した。

ブラウンは、その説明として二つの理由が考えられるのではないか、と答えた。その一つは、自分が思っているほどその業務をよくこなしていなかったのではないか、ということだ。二つ目の可能性は、彼が前年と同程度だったとしても、同僚のほうが優れていたのではないか、ということだ。「同じところに留まっていたら、遅れを取っていくということだよ」とブラウンは言葉を結んだ。

また、この会話から、その前年度、従業員の直属の上司は、彼に欠けている部分を告げるというつらい務めを果たさず、虚偽の評価を与えたのではないかという可能性――むしろ十中八九そうだったのではないか――が浮かび上がった。ブラウンは、なぜマネジャーがこうしたイヤな対話から逃れたくなるかよくわかっている。厳しいフィードバックを与えられるかどうかで、リーダーの強さが試される。

だが、こうしたフィードバックはブラウンが表現する「リーダーに課された試練」の一つである。これを避けることは「その会社に『並の企業で終わる運命』を宣告するようなものだ」と彼は語る。それだけではなく、率直なフィードバックは、部下の能力向上に欠かせない情報である。これを与えないのであれば、リーダーは部下を欺いているのも同然だ。フィードバックの条件として、忌憚なく、建設的で、行動面での実績とアカウンタビリティおよび実行能力を重視することなど、多くの要素が挙げられる。

だが唯一、意外性だけはあってはならない。「リーダーは年がら年中、意識の上で部下の査定をしなければばならない」とブラウンは語る。「また、その評価を常に部下に告げなければならない。自分が部下をどう見ているかを伝える機会は、一年に二〇回、三〇回、いや六〇回だってある。機会をみすみす逸してはならない。もし年度の終わりに上司から告げられたことに心底驚く部下がいたら、それはリーダーの責任だ」

＊　＊　＊

意思決定力に欠ける組織風土を変革することは、つまるところリーダーシップの問題である。そこでリーダーは、以下のような厳しい質問をみずからに問いかけることだ。

●我が社の組織運営メカニズムはどれほど強固で、どれほど効果的か。
●メカニズムはお互いにどれほど強く結び付いているか。
●運営メカニズムは正しい人材と、適切な頻度で開催されるか。
●運営メカニズムには一定のリズムがあり、一貫性をもって運営されているか。
●フォロースルーが、組み込まれているか。
●報酬とペナルティは意思決定を導く対話の成果と結び付いているか。

そして、最も重要なのは次の二点である。

＊こうした運営メカニズムにおける対話はどれほど生産的か。

＊我が社の対話の特徴として「オープン」「忌憚のなさ」「形式にこだわらない」「アクションプランの作成」を伴っているか。

意思決定力に欠ける組織風土を変革することは、要求の厳しい大仕事である。話を聞くスキル、事業の将来を見通す眼識、そして経営上の経験のすべてを企業のリーダーが発揮する必要がある。

しかし同じように重要なのは、この大仕事には不屈の精神、フォロースルーおよび内面の強さが欠かせない、ということだ。適切な質問をすること、対立点はどこにあるかをはっきりさせ、それを解決すること、忌憚のない建設的なフィードバックを与えること、従業員には実績に見合った報酬とペナルティを与えること——このどれもけっして容易ではない。それが不愉快極まりないこともままある。

この大仕事から逃げようとする経営者が多いのも当然であろう。逃げれば、短期的には精神的な消耗は相当避けられる。しかし、それによって会社の体質は固まってしまう。すなわち、情報を共有できず、意思決定を下せず、対立を直視できず、そして対立を解決できない組織だ。この大きな課題から逃げた者は、効果的なリーダーシップを発揮する機会を逸したのである。

率直な対話とフォロースルーを主張する芯の強さ。これを備えたリーダーは、意思決定力のある組織への変革という形で報われる。それだけではない。社員は活気を取り戻し、力を得て業務に邁進するようにもなる。

対話を殺すもの

あなたの会社では、会議に出席すると対話にエネルギーが消耗されるような気がするだろうか。もし対話が参加者を活気付けたり、業務に集中させるものではないなら、以下の点に注意が必要である。

【宙に浮いた対話】

症状：混乱に満ちている。次のステップをはっきりと決めないで会議が終了する。参加者は自分勝手に会議の内容を咀嚼する。その後、目標が達成されなくとも誰も責任を取らない。

治療法：誰が何をいつまでに行うか、必ず全員にわかるようにアクションプランを確認して散会する。必要ならば書面にまとめる。何事も具体的であること。

【情報の流れの停滞】

症状：関連する情報のすべてが明らかにされない。重要な事実や意見が、意思決定が下された後で明かされる。その結果、その決定は見直しとなる。このパターンが繰り返し起こる。

治療法：第一に、適切な人間が会議に出席するようにする。欠けていた情報が得られたら、ただちにそれを伝達する。「聞き忘れた点はないか」といった質問をすることで、オープンさと忌憚のない態度が求められていることを明確にする。情報の抱え込みを是正するために、コーチングの手法とペナルティを用いる。

【ばらばらな視点】

症状：視野の狭い見方で自己の利益にこだわり、他者にも正当な権利があることを認めない。

治療法：あらゆる立場から意見が出されたと確信できるまで、出席者に問いかける。全員が全体像に焦点を当て続けるように、共通の目的を繰り返し述べる。代替案を策定する。企業全体のミッションに彼らの業務がどのように貢献するかを示すために、コーチングの手法を用いる。

【誰もが勝手放題】

症状：リーダーに話し合いの方向付けができず、ネガティブな行動がはびこるのを許してしまう。「ゆすり型の人間」は自分の意見に同調するまでは、グループ全体を脅して意見を変えさせる。「脱線常習犯」は脇道に逸れ、「私がこれを一〇年前に行った時は……」と昔話を始め、必要もないのに細部にこだわる。「無発言の嘘つき」は自分の本当の意見を言わない。または実行するつもりのないことに賛成する。「分断者」は、運営メカニズムとは関係ない自分の立場への支持を求めたり、会議中に別の話し合いを同時進行させてグループを分断させたりする。

治療法：リーダーは芯の強さを発揮し、容認される行動とはどういった行動であるかを示し、ネガティブな行動を続ける者にペナルティを与える。もし軽いペナルティで効果がなければ、反則者をグループから外す覚悟がなければならない。

GEの秘密兵器

三つの戦略的ミーティング

最高水準の経営プラクティスで知られるゼネラル・エレクトリック（GE）は、緊密に結び合った一〇の組織運営メカニズムから成るシステムを創り上げた。

GEの成功に欠かせないこのメカニズムは、個々の事業部のみならず同社全体のゴールと優先事項を設定し、このゴールに向けての各事業部の進捗状況を常に把握する。また、CEOのジャック・ウェルチ（当時）はこのシステムを使って各事業部の上級管理職者の査定を行い、各自の実績に応じて報酬やペナルティを与える。

このメカニズムの中で他企業から最も多く模倣されたのは、年に四回開催されるコーポレート・エグゼクティブ・カウンシル（「CEC」として知られる）、年一回開催のリーダーシップと組織検討会（「セッションC」として知られる）、および年一回の戦略検討会（「S−1」および「S−2」として知られる）の三種類である。

大企業のほとんどは同様なメカニズムを持っている。しかしGEのものは、その集中度と継続期間、メカニズム間の緊密な結び付き、フォロースルー、そして「忌憚のなさ」「アクションプランの作成」および「意思決定力」のあくなき探求が特徴である。

CECには同社の上層管理職者が集まり、二日半集中してコラボレーションと情報交換を行う。ここでは、こうしたリーダーがベストプラクティスを学び合い、事業の外部環境を評価し、同社にとって最も有望な事業機会と喫緊な問題とは何かを特定する。同時に、ウェルチにとっては、彼らにコーチングするとともに、彼らの仕事のスタイル、思考方法とコラボレーションのやり方を観察する機会となる。過去一四年間に開催されたこれらの会議から誕生した一〇件のイニシアティブ（施策）の中に、シックスシグマの推進および全社的なeコマースの動きがある。こうしたセッションはヤワな心臓の持ち主には向かない。時には話し合いが言葉による格闘技といった観を呈することもある。しかしCEOが散会を宣言するまでに、出席者全員は会社にとっての優先事項は何であり、自分に期待されているのは何かを認識する。

セッションCの会議では、ウェルチとGEの人事部のシニアバイスプレジデントであるビル・コナティは各事業部長および人事部長と面談し、リーダーシップおよび組織的な問題について話し合う。この集中的な一二〜一四時間のセッションの中で、参加者は各事業部の将来の人材と組織上の優先事項をレビューする。昇進させる必要があるのは誰か、報酬を与える必要があるのは誰か、能力開発が必要なのは誰か。それをどのように行うか。及第点に達しないのは誰か。「忌憚のなさ」は必須条件だ。実行力もまたしかり。対話は弾み、事業部の戦略と結び付いている。ウェルチは会話の内容とアクション項目をまとめた手書きのメモを渡して、各会議のフォローアップをする。このメカニズムを通じて、人材の選択と評価はGEのコアコンピタンスとなった。GEが「CEO養成大学」と呼ばれるゆえんである。

プロセスで人を育てる

S－1会議の議題の一つに、事業部長が管轄するアクションプランの実行プロセスの進展状況がある。これはセッションCの二カ月後に開催される。ウェルチ、CFOおよび会長室のメンバーが各事業部長とその経営陣に会い、向こう三年間の戦略を話し合う。戦略はCEC会議で策定された全社テーマと施策を組み入れたものでなければならない。ウェルチと上級経営者たちはこれを集中的にとことん検証し、現実性があるかどうかを確認する。セッションでの対話は肩肘張らず、オープンで、意思決定力が伴っている。また、事業面と人事面の両方でウェルチから、随所で価値あるコーチングがなされる。セッションCと同じく、戦略に関する対話は人事および組織上の課題と結び付いている。ここでも再びウェルチは、彼が対話の結果として事業部長に期待するものを書き出した手書きのメモでフォローアップする。

S－2の会議は通常一一月に開催される。議題はS－1会議と似ているが、違いは通常一二カ月から一五カ月と短期を視野に入れた話し合いに集中することである。ここで経営上の優先課題と人材配置とを結び付ける。

こうした会議はフィードバック、意思決定および組織のケイパビリティと主要な人材の査定をリンクさせるものである。組織運営メカニズムは明確に各事業部の業績とゴールを会社全体の戦略に結び付け、次世代のリーダーの育成を促進するものだ。そのプロセスは容赦なく、経営上のアカウンタビリティへの要求が高い。

同時に、ウェルチはこの機会を利用して、忌憚なく、的を射た、決断力と実行力を重視したフォロースルーとフィードバックを行う。この運営システムこそが、GEの最も永続的な競合他社に対する優位性かもしれない。

第5章

プロセス重視の意思決定マネジメント

ハーバード・ビジネス・スクール 教授
デイビッド A. ガービン
ハーバード・ビジネス・スクール 助教授
マイケル A. ロベルト

"What You Don't Know About Making Decisions"
Harvard Business Review, September 2001.
邦訳「プロセス重視の意思決定マネジメント」
『DIAMONDハーバード・ビジネス・レビュー』 2002年1月号

デイビッド A. ガービン
(David A. Garvin)
ハーバード・ビジネス・スクール教授。

マイケル A. ロベルト
(Michael A. Roberto)
ハーバード・ビジネス・スクール助教授。

意思決定は特別なイベントではない

リーダーは、いろいろな場面でその力を発揮する。戦略を掲げ、周囲の人間にモチベーションを与える時などはその一例だ。しかし何といっても、その意思決定の良し悪しが、リーダーとしての運命を左右している。ただし、これを当然と思われるならば、以下の事実は驚きに値するだろう。経営者が、代替案に不足し、なおかつ現時点での選択が最良のものであるという確証を持たないまま、実際に意思決定を行うことは、日常茶飯事なのである。

筆者らが数年間調査を続けた結果は、リーダーの意思決定に誤りがあったケースが大半を占めている。なぜか。一般的に、意思決定がイベント――独立した選択決定という一つの行為――としてとらえられているからだ。机に向かっている最中や、ミーティングで進行役を務めている時や、スプレッドシートをにらんでいる間などの、ある一時点で意思決定は行われるものだと。このような古典的な考え方では、リーダーが、自分自身の経験や勘、調査結果のいずれかに基づいてもしくはこれらを総合して、独自の意思決定を下してしまうことになる。

たとえば、売上げの悪い商品を市場から撤退させるか否かの決断に迫られたとする。「イベント型」のリーダーであれば、まず自分一人で熟考する。その後アドバイスを求め、報告書を読んだうえで、再び熟考する。そしてようやく、イエスかノーかの結論を出し、組織に実行させるのだ。ところが、このようなやり方では、社会や組織といった、スケールの大きい観点を見落としがちになってしまう。しかもこれが最終的に、意思決定の成否を決定してしまうのだ。

実際、意思決定というイベントは存在しない。意思決定とはプロセスでとらえられるものであり、週や月単位でなく、何年という年月にわたることすらある。力関係や政治的な駆け引きをはらみ、個々人のニュアンスや組織の歴史が、多々反映される。また、このプロセスにおいては、議論や討論が活発に繰り返され、実行時には、組織のあらゆるレベルでのサポートが不可欠となる。

筆者らの調査結果では、意思決定に優れたリーダーと、そうでないリーダーの相違は顕著に表れていた。前者は、意思決定をプロセスの視点でとらえ、それに合わせて明確にプロセスを設計して、マネジメントする。一方、後者の場合、意思決定とは、独自にコントロールできるイベントであるとの空想を拭い切れていない。

以下、リーダーが、いかにして健全で効果的な意思決定プロセス（後に「探求型」として説明）を設計し、マネジメントできるのかを述べていきたいと思う。また最後に、意思決定のプロセスについて、その実態を評価する基準についても説明したい。

意思決定の二つのプロセス

意思決定のプロセスを設計することが、そのまま効果的であるというわけではない。特にグループが、どの程度幅広い考えを見出し、検討できるかによって差が生じる。
筆者らの調査では、主に二つのアプローチが明らかとなった（**図表5－1**「意思決定への二つのアプローチ」を参照）。一つ目は、探求型であり、より望ましいアプローチといえよう。この極めてオープンなプロセスでは、複数の代替案が生み出され、アイデアの交換が奨励された後、きちんと検証された解決策に至るからである。

ただ残念なことに、このアプローチが容易に、自然に実行されることは稀である。どちらかというと、意思決定を任されているグループは、もう一方のアプローチである、主張型に走りやすい。

表面的には、これら二つのアプローチは似通っている。たしかに、いずれの場合も、議論や討論に熱中した参加者が、考えられる中で最適な根拠に基づいて、一連の行動を決定するという点では変わりはない。ところが、探求型と主張型では、まったく異なる結果が導かれるのだ。

グループ内で賛同を得ようとする動きが活発になると、意思決定が競争と化してしまう。こうした状態は、水面下での競争や、本人に自覚のないケースも含まれる。特定の利害関係を持つ複数のグループが、ある特別のポジションを得ようと必死な場合、たとえば、部門間で予算の増加をめぐり、争っていることを想定してみよう。

この場合、話し合いへの参加者は、自分に有利な解決方法のことばかり頭にあるため、反対意見には頑として譲らない。度を越すと、客観性が維持できなくなるばかりか、反論に耳を傾けなくなってしまう。

さらに、他人の賛同を得ようとする者は、自分の議論を強化する情報のみ選別し、たとえ関連性があ

図表5-1｜意思決定への2つのアプローチ

	主張型	探求型
意思決定の考え方	競争	共同作業による問題解決
議論の目的	説得およびロビー活動	検証および評価
参加者の役割	スポークスマン	クリティカル・シンカー
行動パターン	他人を説得しようと必死 自分の立場を防御 弱点を軽視	バランスの取れた議論を展開 代替案にもオープンな姿勢 建設的批判の受け入れ
少数派の意見	奨励しないか無視	奨励し評価する
結果	勝者と敗者に二分	全体としての決定

ろうとも、相反するデータは隠蔽してしまいがちである。結局、その狙いは圧倒的な勝利を獲得することであり、公平でバランスの取れた見方を促すといったものではない。

そのほかの例として、ある二つの工場の工場長が、それぞれ独自の改善プログラムを推進させたいと考えている状況を想定しよう。この場合、彼らはたとえ自分のプログラムに不備が予想されても、簡単には報告しないだろう。おおっぴらに情報開示してしまうと、討論で相手を負かし、必要な経営資源を獲得するチャンスを失いかねないからだ。このような状況では、両者の意見の食い違いは、往々にして歩み寄りが難しく、敵対関係すら生み出しかねない。誹謗したり、エゴが入ってきたりすると、意地の張り合いや裏舞台での工作も始まってくる。

結局、主張型の意思決定プロセスは、競合する者同士の力試しによって、優れた解決策が生まれるとの前提に立つ。しかし実際のところ、このアプローチでは、新しいアイデアを押し殺すばかりか、参加者は、さらなる対立を回避するために大勢に従う方向に誘導されがちだ。

一方、探求型の意思決定の場では、さまざまな選択肢を慎重に検討し、最善策に向け共同作業が進められる。誰しも、自分の利益は守ろうとする。そこで、相手をある特定の考えに同意するよう説得するのではなく、お互いに最善の方法として合意に至ることを目標とする。そのためには、なるべく生の情報を幅広く共有し、受け手が独自の結論を引き出せるよう配慮することが必要だ。

また、探求型のプロセスにおいては、意見の相違を抑制せず、クリティカル・シンキング（論理的思考）を促す。参加者誰もが、自由に代替案を提案し、いったん議論の場に上がった意見に対しては、厳しい質問をぶつけてもかまわない。提案内容やその前提事項について厳しい質問が繰り返されれば、対立が激化することもある。とはいえ、個人的なものに発展することは稀だ。双方の食い違いの原因は、意見や解釈の違いにあり、個々の立場を守ろうとするものではないため、対立も健全なものとなる。そして、最終的に双方の溝は、論理的な根拠によって、埋められる。

探求型のアプローチは、当事者同士が競い合うのではなく、アイデアの純粋な力試しが、完璧な解決策を生むという前提に支えられているのだ。

ゼネラル・エレクトリック（GE）でのCEOの後継者選びについて見てみよう。取締役会が、このようなオープンなアプローチを取った好例である。GEの取締役は全員、主要な次期後継者候補と数回面談する機会を設けた。そして各候補者の長所、短所を検討する会合を定期的に開いていたのである。ジャック・ウェルチCEO（当時）がこれに参加することは稀であった。また、ある特定の候補者の選択に向けて、早い時期からロビー活動をするような者も皆無に等しかった。

主張型より、探求型のプロセスのほうが、優れた結論——企業としての目標を推進するだけでなく、期限内に効果的に実行可能な結論——を導く可能性は高い。よって、組織の意思決定能力を高めようとするリーダーは、主張型から探求型へと、できるだけ早期に切り替えることである。

その際、三つの重要な要素、すなわち効果的な意思決定には不可欠な、「建設的対立」(Conflict)、「意見の考慮」(Consideration)、「議論の適切な時点での終了」(Closure)という、三つの「C」に注意することが必要である。これらはそれぞれ、微妙なバランス感覚が要求されるものだ。

意思決定を進める3C。対立〔Conflict〕

クリティカル・シンキングを実践し、討論も熾烈になれば、対立が生まれるのも当然である。ただ幸いなことに、対立によって問題の焦点が明確になり、リーダーも、情報に基づいた判断が可能となる。半面、対立の種類によっては意思決定プロセスが脱線しかねない。

対立には、認識型と情緒型の二通りがある。前者、物事の認識または本質に関する対立は、進行中の討議事項をめぐって発生する。アイデアやその前提事項について、意見の相違や最善策に関し異なる見解が展開されるのだ。このような対立は健全であるばかりか、探求型のプロセスを有効にするために必要なことである。異なる意見を率直に述べ、前提事項にもチャレンジすることで、本来の弱点が露呈され、新たなアイデアが生まれる。

一方、情緒に関する、または対人関係での対立は、感情的になりがちだ。個人的軋轢やライバル感情、お互いの人格の否定なども生じかねない。これでは、決定事項の実行段階において、協力も得づらくなる。そうなると、効果的な意思決定方法とはいえなくなってくる。前述の主張型プロセスに共通する特徴であることも、理解してもらえるだろう。

右の異なるタイプの対立は、状況を観察すれば難なく区別できる。たとえば、「買収先の三つの候補について、戦略、財務、そしてオペレーションの面で、各々の長所を侃々諤々と話し合った」というコメントがあれば、それは認識型であることがわかる。一方、「白熱した議論が、個人攻撃と化した」という証言があれば、それは情緒型であったことになる。

ただし実際問題として、この二種類の対立にきっちり境界線を引くことは、案外難しいものだ。誰しも批判されれば個人的なものと受け止めやすく、自己防衛に走りやすい。すると議論の場は一転して、攻撃的な雰囲気となってしまう。たとえ優れた結論に達したとしても、感情面でのわだかまりがあると、一致団結した行動は困難となってしまう。

当然のことながら、リーダーがチャレンジすべきことは、認識型の対立を奨励し、情緒型の対立を極力抑制することである。ただし、容易なことではない。テクニックの一つとしては、議論が活発になるのを例外とせず、むしろこれをルールとしてしまうことだ。

二七年間エマーソン・エレクトリックのCEOを務めたチャック・ナイトの例を挙げてみよう。ナイトは、計画の見直しをする際、厳しい質問で容赦なく、マネジャーを絞り上げた。提案された内容の評価にかかわらず、厳しく、戦いを挑むような質問を繰り返し、きちんとした回答を要求したのである。よく練り上げられた論拠にさえも、予想外の、時として奇抜な疑問をあえて投げかけたため、このプロセスをナイト自身、「非論理的な論理」と呼んでいる。マネジャーにとっては脅威だったに違いないが、ナイトの在職中、この試みのおかげで、投資に関する手堅い決断が続き、四半期決算の利益も上昇の一途だった。

一九八〇年代にモトローラのCEOを務めたボブ・ガルビンは、これとは若干違うアプローチを取った。習慣的に、突飛な仮定を含めた質問をし、人々の創造的思考を刺激したのである。その後ガルビンは、マルコム・ボルドリッジ国家品質賞の審査委員長も務めた。当時、審査基準を広げるべきだとの声が高まっていたが、ガルビンは逆にその縮小を提案し、周囲の度肝を抜いた。最終的に、委員会は拡大の方向に踏み切ったが、ガルビンの奇想天外な提案により、創造性に満ちた、生産性の高い議論が交わされた。

情緒的対立を避け、認識的対立を促すための二つ目のテクニックとしては、自然と討論が育まれるように、議論のプロセスを構築することである。具体的には、人々を小グループに分け、それぞれ競合し合う責任を与えるのである。

たとえば、一つのグループに提案書を用意させ、もう一方のグループには、代替案を作成させる。その後、両グループは、互いの提案を交換し、さまざまな選択肢について議論する。このテクニックを使えば、レベルの高い認識型対立が、かなりの確率で実現されるだろう（**図表5-2**「議論の構築」を参照）。

図表5-2｜議論の構築

意思決定機関を2つの小グループに分けることにより、リーダーは、参加者が議論しやすい環境をつくり出せる。なかでも以下の2つのテクニックが学識者の間では支持されている。筆者らは、これらを「議論対比型」および「御意見番型」と呼ぶことにした。初めの3段階までは、両者とも同じである。

議論対比型	御意見番型
チームを2つの小グループに分ける。	チームを2つの小グループに分ける
小グループAが提案書を作成し、その中に提案内容、主な前提事項、および重要な裏付けとなるデータを含める。	小グループAが提案書を作成し、その中に提案内容、主な前提事項、および重要な裏付けとなるデータを含める。
小グループAは、書面および口頭にて、小グループBに対し、提案内容を伝える。	小グループAは、書面および口頭にて、小グループBに対し、提案内容を伝える。
小グループBは、代替案を生み出す。	小グループBは、これらの前提事項および提案内容について、詳細にわたり批判する。その結果を書面および口頭にて伝える。小グループAは、このフィードバックに従って、提案書を修正する。
両方の小グループで、上記の提案内容について話し合い、共通の前提事項に基づいて合意点を探す。	これら小グループは、前提事項で合意できるまで、上記サイクル（修正、批判、修正）を繰り返す。
これらの前提事項に基づいて、両グループは、さまざまな選択肢について議論を重ね、提案内容に合意点を見出すように努める。	これら小グループは、共同で提案内容をまとめる。

ただし、どんなにプロセスを構築し、認識型対立を目指したとしても、議論が個人攻撃に流れる可能性は消し去ることはできない。その兆候が現れた場合には、休憩時間を取って頭を冷やさせるだけでなく、熟練したリーダーであれば、認識型対立の議論を高め、情緒的対立を最小限度に抑えるために、クリエイティブな手段をあれこれ活用する。

抜かりないリーダーであれば、問題点のあり方だけでなく、議論の際の言葉使いにも慎重に注意する。相反する意見や質問を述べる際には、相手の感情を刺激しないようなフレーズを、冒頭に付け加えるのだ（「あなたのおっしゃることは、よくわかりますが、ここで一つ意地の悪いことを言わせてください」など）。さらに、言葉使いに関して基本的なルールを設定し、チームメンバーが、自己防衛に走らない言葉や態度を徹底させることもできる。

米国陸軍では、ミッションの実行直後に、ミスを確認して後日の教訓とする反省会が行われている。その進行役は、「bまたはfで始まる罵りの言葉は使わない。また特定の者をとがめたり、あらを探したりはしない」ことを事前に明確にしている。

二番目としてリーダーは、自然にできた勢力グループを壊して、伝統的なしがらみにとらわれないポジションに配置することで、メンバーが固定化した立場から離れるように促すことができる。

ある大手宇宙航空関連会社の事業部長は、戦略的業務提携に関する重大な決断を下す際に、組織内の二大勢力を調整しなければならなかった。彼は、二つのグループをつくって、提携先パートナーの候補を検討させたが、その際、この二大勢力が混ざり合うような人員構成にした。利害関係の異なる者同士が協力せざるをえない状況をつくり上げたのである。両グループに、同じいくつかの対象企業について、それぞれ異なる基準（技術力、製造技術、プロジェクト管理能力等）で評価させた。最終的に、二つのグループは、評価の結果を共有し、最善と思われるパートナーを選出した。どちらのグループも、全情報を握っていたわけではないから、互いに相手の意見を注意深く聞かざるをえなかった。

三番目としてリーダーは、個人ごとに決まり切ったパターン、すなわちそれぞれが既得権を得ている分野から外す方法もある。たとえば、メンバーに当初の議論で支持しなかった意見について調査させ、それを擁護する立場で論じさせる。また、メンバーに、他の職務やマネジャーの役を演じさせることもできる。たとえば、オペレーション関係のマネジャーに、マーケティングの視点から論じさせたり、平社員に、ＣＥＯとしての戦略的視野に立った意見を求めたりするのである。

最後に、リーダーは、参加者が議論にのめり込んでしまっている場合、重要な事実や前提事項をもう一度見直し、追加情報を収集するよう促す方法もある。相反する立場での相違点ばかりが注目されると、話し合いも行き詰まってしまう。行き着くところは、情緒型の対立にほかならない。

前提事項を再検討させることで、緊張が緩和され、軌道修正できることもある。エンロンでの例を見てみよう。エンロンでは、自社のトレーディング技術を、新しいコモディティや市場に適用できるか否かをめぐり、意見が激しく対立することがある。その際、上級役員は、議論の焦点が業界構造の特徴、さらには市場規模および顧客の嗜好に関する予測といった点に当てられるよう迅速に動く。この措置により、議論の参加者には合意できる部分が素早く認識される。すると、互いに相容れなかった理由も明確となり、具体的事項の論議に集中できるのだ。

意見の考慮〔Consideration〕

いったん意思決定が下され、代替案が却下されると、支持する策を諦めざるをえない者も出てくる。場合によっては、別の意見に押し切られた者が、結果に抵抗を示すこともある。一方で、不承不承ながらも認めることもある。この差はどこから生まれてくるのだろうか。

それは、意思決定のプロセスにおいて公正さ（フェアネス）がどの程度、参加者に認知されているかにあるようだ。学識者の間で、「手続き的正義」と呼ばれる点である。最終的にはリーダーが判断を下すわけだが、決定プロセスに参加した人間が、自分の見解がきちんと考慮され、結論に反映されたと思えなくてはならないのだ。

参加者がプロセスを公正であると認めていると、たとえ自分の意見が通らなくとも、結果としての意思決定にすすんで協力するとの調査結果が出ている。(注)

マネジャーの中には、発言すること、つまり全員に自分の見解を述べる機会を与えることと、公正であることを同一視している者が多い。そういう人は根気強く全員の話を聞いている。ただし、一人ひとりの意見自体は、それを実際に考慮に入れること――リーダーが積極的に議論に耳を傾け、最終決断に反映したと参加者が認めること――ほど重要ではない。

インテルの会長、アンディ・グローブは著書『パラノイアだけが生き残る』で、いかにミドルマネジャーに対して、この違いを説明したか述べている。「物事に関わったと感じるためには、自分の意見に耳が傾けられ、理解されなければならない。（中略）議論において、すべての立場が通ることはないが、どんな意見でも、適切な答えを導くうえで役立つものだ」

実際、発言したところで、これがまったく考慮されないとなると、かえって害となることが多い。最終決定を認めるどころか、怒りやフラストレーションの源になる。参加者が、意思決定のプロセスはごまかしにすぎず、ただ単にリーダーの望む解決策を有効にする手続きと感じているとしよう。この場合、決定事項を実行する段階になっても足取りは重いままである。

ダイムラーとクライスラーの合併には、こういった側面があった。ダイムラーのCEOであるユルゲン・シュレンプは、合併する企業の候補を幅広く分析、評価するよう指示していたが、自分自身の選択としては、かなり以前からクライスラーに決めていたようだ。実際、コンサルタントが、シュレンプの戦略では株主への価値は創出されないと進言したが、それは無視された。シュレンプは、あくまで自分の計画で押し切ったのである。多くの関係者から意見を集めたとしても、それを重要視しなかったことは明らかである。

リーダーは、意思決定のプロセスを通じて、参加者の意見を考慮していることを表現できる。まず、新しいアイデアに対してオープンであり、自分とは違った意見をもすすんで受け入れる姿勢を明らかにする。とりわけ、リーダー自身、すでに決断しているかのような素振りを見せることは禁物だ。また、プロセスの初期段階において、個人的に望んでいる結論を公表すべきではない。初期段階での意見はどれも暫定的なものであり、変更がありうることを明確にしておく。話し合いの初期段階に、リーダーがあえて出席しないことも一つの手段である。

議論の最中には、リーダーは気を入れて注意深く耳を傾けている様子を見せることが必要だ。その方法としては、質問を投げかけ、より詳細な説明を追求することはもちろん、参加者のコメントを復唱し、アイコンタクトを取ることも含まれる。また、辛抱強く参加者の話を聞くことだ。なかでもメモを取ることは効果的である。リーダーが、議論の参加者の意見を漏れなく理解し、評価しようと心底努力しているとの印象を与える。

さらに、最終的な選択を決めた後に、リーダーは、その論理的背景を参加者に説明することも忘れてはならない。選択基準について詳細な説明を加えながら、なぜそのような結論に達したのか、理論的根拠を説明することが必要なのだ。

最後にけっして見逃してはならない点として、参加者の議論がいかに最終的決断に影響を与えたか、なぜ異なる意見を採用したのか、これらの点を明確にすることである。

議論の適切な時点での終了〔Closure〕

考え抜くことをどのタイミングで終了するかは難しい。意思決定機関が結論を急ぎすぎたり、反対に迷いに迷って、結論を出すのが遅すぎたりすることはよくあることだ。両者の問題とも、意思決定に悪影響を与えるが、主張型議論が横行していることに起因している場合が多い。

異議が出なければ賛同とは限らない

チームプレーヤーとして認められたいがために、クリティカル・シンキングや掘り下げた分析をする意欲が削がれてしまうことがある。その結果、少しでも、もっともらしい選択肢が出てくるや否や、これを即刻グループで受け入れてしまう。

「集団思考」としてよく知られるこの心的傾向は、主張型の強大な勢力が存在する場合、ごく一般的に見受けられることだ。特に、発足したてのチームにおいては、メンバーは議論のルールを習得している最中であり、一人だけ目立って異議を唱えにくいこともあろう。

この集団思考が危険な点は、選択肢の範囲を限定するだけではない。水面下の反対意見が、重大な局面、主に調整の取れた協力的な行動が不可欠である実行段階において、浮上してくることだ。

急成長を続けている、ある小売企業で、大規模部門を統括するリーダーは、このことを身をもって学んだ。その例を見てみよう。このリーダーが好むやり方とは、次の通りであった。まず、上級マネジャーだけを集めた小さなチームにおいて、さまざまな選択肢を創出、代替案も評価し、行動プランまで立案する。その後、この結果をチーム全体に提案して、承認を得る。

ところが、チームに参加していないマネジャーたちにとっては、既定事項を提示されたようで、懸念するところがあっても言い出しづらかった。「ミーティングで異議が唱えられなかったのは、そういう雰囲気だったからで、グループが一致団結していたわけではない」との証言もある。実際、実行段階になって、議論が蒸し返され、重要な案件を数カ月も遅らせてしまうこともあった。

集団思考に対抗するためには、リーダーとして、まず隠れた不満を察知できなくてはならない。このためには、とりわけ、ボディランゲージ——眉間のしわ寄せ、腕組み、反抗的態度等——に注意を払うことが必要だ。

不満を抱いた人を議論に呼び戻すには、小休止を取ることが最善だろう。一人ずつ個別に話し、発言を促したうえで、再度議論を開始する。ゼネラル・モーターズのアルフレッド・スローンはこのやり方の実践者として知られており、こう言っている。「まずその場で決定事項に関し、全員が合意していることを確認します。それから、その件については次回のミーティングまで、議論しないと提案します。時間的余裕を与えることで、反対意見を生み出し、決定事項の内容理解を深めてもらうためです」

そのほか早まった意思決定を防ぐ方法としては、少数派意見を規範や明確なルールで育成することである。少数派意見は、議論の幅を広げ、奥の深いものにする。その意見が採用されることは稀であっても、集団思考の枠を広げることに貢献するのである。前述のアンディ・グローブが繰り返し、「カサンドラの助け」を引用するのはそのためである。提案事項について危険が予測される点に、厳しい質問や新鮮な見方を投げかけてくれる人、すなわちカサンドラと呼ばれる凶事の予言者が必要なのである。

意思決定の遅れというのも、主張型議論が横行しているために起こることが多い。これには、主に二つの場合が考えられる。

一つ目として、話し合いを進めているグループが、袋小路にはまってしまう場合である。対立する者同士が相手に譲ることを拒み、繰り返し自分の立場だけを主張する。この行き詰まりを解除するメカニズムがない限り、議論は堂々めぐりを続けるだけである。

二つ目として、全員を参加させることに懸命になりすぎている場合がある。公正さを追求するあまり、メンバー全員がすべての意見を聞き、問題をすべて解決してからでないと結論に達すべきでないとの主張が通ってしまっていることだ。このような確実性――議論の余地がないデータに裏付けられた完璧な議論――を要求することは、主張型議論の一種の変形ともいえる。その結果は、やはり終わりなき堂々めぐりである。何回も同じ代替案が出されては拒絶され、追加情報が要求される、そのサイクルを繰り返すだけである。

さらに、メンバーの一人が疑問を呈するだけで、一方的に議論が脱線しかねない。そうこうしているうちに、競争相手からのプレッシャーで即刻答えを出すはめに陥ったり、参加者が同じ議論にうんざりして、聞く耳を持たなくなってしまうこともある。

このような状況では、「質問の終了」を宣言するのがリーダーの務めである。長年コーニングのCEOを務めたジェイミー・ホートンは、この役割を物に例え、わかりやすく理解してもらう方法を考えついた。上級職のチームと仕事をする際、以下に紹介するような二種類の帽子を使い分けたのだ。ホートンは、メンバーと対等に議論を交わしたい時には、カウボーイハットを頭に乗せた。そして、CEOとしてさらなる質問をさえぎり、結論を出す際には、山高帽に切り替えた。カウボーイハットは、参加者のチャレンジや議論の続行を奨励し、山高帽は、議論を終了する合図として使用したのである。

ここで留意すべきは、リーダーおよびメンバーも、多少の曖昧な点については、それでよしとすることも大切だということだ。たとえ完璧で明瞭なデータや裏付けに欠けていたとしても、迅速に意思決定を行う姿勢を失ってはならない。

「マネジメントの技量とは、不十分な事実から意味深い一般論を仕立て上げることである」。これは、ハーバード・ビジネス・スクールの元学長であるスタンリー・ティールが、学生に好んでしていた話であった。

意思決定の結果を予測する

優れた意思決定か否か、リアルタイムで判断することは難しい。成功例——内容的に優れた決定事項が期限内に下され、しかも効果的に実行された例——であったとしても、それは後になって判明することだ。結果が出た時点においては、誤りを訂正しようにも手遅れであることが多い。もっと早い時期に、正しい路線に乗っていることを確かめる方法はあるのだろうか。

答えは「イエス」だ。そのコツは、意思決定のプロセスを、進行途中で定期的に評価することである。プロセスに見られるある種の特徴が、優れた結果と強い相関関係にあることは、学識者の間で広く認められている。成功を保証するものではないが、以下の特徴が数多く当てはまるほど、意思決定の結果が良好となる可能性は高い。

特徴1　代替案が豊富にある

数多くの代替案が検討されれば、一段深い分析が可能となり、安易な答えに早々と落ち着く事態は避けられる。だからこそ、二つ以上の代替案が確保できる議論対比型のテクニックを駆使すれば、優れた意思決定が生まれやすいのである。

通常、考慮される選択肢を数えれば、右の基準をクリアしたか否かは明らかとなる。ただし、重複して勘定に入れぬよう注意すること。「する、しない」の二者択一は、二つではなく一つの選択肢と見なす。

特徴2　前提事項が検証されている

事実には二種類ある。慎重な検証を経たものと、単にそう主張され、考えられている段階のものだ。効果的な意思決定ができるグループは、この二つを混同しない。時折、議論から一歩身を引いて、批判的に前提事項を調べ、その適合性を確かめようとする。確固たる証拠に欠けていても議論を続行させる場合はあるが、少なくとも不確定な領域に足を踏み入れたとの自覚は促される。

また、グループ内に「御意見番」を任命する方法もある。前提事項が検証を経ずに引用されていないかを審査させるのだ。実際に、そのような事例が発覚した場合には、ただちに追及する体制を整えておく。

特徴3　基準の定義が確立している

明確な目的が欠けてしまっていると、リンゴとミカンを比べるといった落とし穴にはまりかねない。

意見の対立が続くと、この判断が難しくなってくることも確かである。賛同を要求するあまり、自分の望む選択肢に有利になるように、さまざまな指標（利益や自己資本利益率といった数値、市場でのポジション、ブランド認知度など）を持ち出すからである。こうなると、思考も焦点が定まらず、話し合いも長引きがちだ。

このような事態を避けるためには、最初に具体的な目標を掲げておき、意思決定のプロセスの間、繰り返しそこに戻ることだ。この目標は、複雑であれ、多面的であれ、あるいは数量的または性質的なものでもかまわない。どのような形式であろうと、まず先頭に掲げておく必要がある。

企業合併に関わる意思決定では、次のような調査結果が挙がっている。話し合いが大詰めに差しかかり、マネジャーに、期限内に話をまとめ上げねばとのプレッシャーが大きくなると、たとえ初めに当該案件の適正さを判断する基準を設定していたとしても、譲歩し、調整してしまうことが多いという。

特徴4　反対意見が出され、議論がそれに続く

スコットランドの偉大なる哲学者、デイビッド・ヒュームは、「友人との議論から真実が現れる」として、討論の意義を言葉巧みに唱えている。議論の健全性を測るには、質問の内容とともに、発言にどの程度聞く耳が持たれているかに注目するとよい。質問によっては議論の突破口となるが、反対に議論の幅を狭め、さらにはピリオドを打ってしまうものもある。その中で、逆説的な質問は、健全な討論につながることが多く、注目に値する。

元アメリカン・エキスプレスのCEO、ハーベイ・ゴラブの下で働いたマネジャーには以下のような

思い出がある。当時会社は、クレジットカードの手数料値下げに傾いていたが、ゴラブが突然、値上げを提案した。このマネジャーは、ゴラブが本気で言っているとは思えなかったながらも、「手数料とは何か、もう一度考えさせてもらった」そうだ。

発言内容がどの程度相手の耳に届いているかということも、意思決定のプロセスの健全さを測るうえでは、重要な情報源となる。この程度が低いと、誤った分析のみならず個人的な軋轢までもが生み出されてしまう。参加者が、頻繁に互いの発言を遮り、コメントを十分に理解しないうちから矢継ぎ早に反論するようでは、感情的な衝突は避けようもない。無論、秩序ある議論など望めない。グループとしての団結や調和は、参加者が他人の発言を積極的に聞く姿勢なくしては、実現しえないのである。

特徴5　公正さが認知されている

参加者の間に公正さが認知されているかをリアルタイムで調べる方法には、重要な中間地点や区切りの後で、参加状況の変化に注目するとよい。参加者の減少は、決議事項の実行段階で問題が発生しうることの予告となる。足が遠のいているのは、話し合いの現状に対する不満の表れにすぎない。

結局、プロセスに関わる参加者を維持することは、意思決定を下し、それを貫くうえで、最も重要な点である。これは、リーダーシップの心髄に関わっており、リーダー自身、数々の才能を合わせて発揮する場でもある。

またそのためには、曖昧さを認めながらも、対立をあえて奨励する毅然とした態度、いつ議論を終了すべきか察知できる能力、自分の選択理由をきちんと説明する忍耐力も必要とされる。加えて、絶妙なバランス感覚も不可欠である。議論の初期段階にありがちな意見の相違と、決定事項を効果的に実行するために不可欠な一致団結の両者を、バランスよく実現させる能力である。

ペルシャ帝国を創り上げ、軍隊のリーダーとしても高名なキュロス大王は、すでに紀元前六世紀において、真のリーダーシップとは何かを理解していた。彼は自分の成功を、「相談時には多様性、実行時には統一性」を求めたことにあるとしているのだから。

実例に見る主張型vs.探求型：キューバ侵攻とキューバ・ミサイル危機の意思決定

悪評高きキューバ侵攻の背景

主張型と探求型を対比する好例は、ジョン・F・ケネディ大統領政権に見ることができる。ケネディ大統領は就任後二年間で、外交政策上の重大な意思決定を二回迫られた。キューバ侵攻とキューバ・ミサイル危機である。両案件の審議には、閣僚レベルでのプロジェクトチームが充てられた。参加者の顔ぶれや政治的利害関係には共通性が多々あった。またリスクが極めて高い点も同じであった。ただし、その結果は対極を成すものといってよい。原因は主に、議論の進められ方の違いにある。

キューバ侵攻に関する議論では、米国で訓練を受けたキューバからの亡命者部隊が、キューバに侵攻するのを支援するか否かを決断するものであった。この審議は、主張型で進められ、結果は意思決定の失敗例として広く認識されている。

就任直後、ケネディ大統領は、アイゼンハワー政権時代に、CIA（米国中央情報局）が練り上げたキューバ攻撃案について知るところとなった。統合参謀本部の支持を受け、CIAは、この案を推し進めることを強く提唱した。そして、自己の立場を有利に導くため、大統領に提供する情報はふるいにかけ、リスクについては最小限に留めておいた。さらに、国務省の中南米班などの有識者は反対することが予想されたため、話し合いの場から除外した。

ケネディ大統領のスタッフの中には、この案に反対する者もいた。しかしCIAによる賛同を要求する強い姿勢に押され、また弱気な態度を見せたくないことからも、口をつぐんでしまった。議論はほとんど交わされることなく、重要な前提事項についても検証が行われなかった。たとえば、これにより国内で反カストロ勢力が急速に盛り上がるものなのかは問われなかった。さらに、キューバで強い抵抗に遭った場合、これら亡命者が、山岳地帯（上陸地から八〇マイル〈約一二八キロ〉の距離）に逃げ隠れられるのかどうかという調査はされていなかった。

その結果、キューバ侵攻は、冷戦の中でも特に悪評高き事件となった。一〇〇人もの命が奪われ、生き残った亡命者も人質に取られてしまった。この事件は、ケネディ政権にとって大変な屈辱となり、米国の国際的地位にも打撃を与えた。

キューバ侵攻で苦い経験を経た後、ケネディ大統領は、外交政策に関する意思決定プロセスの見直しに着手し、五つの大きな変革を導入した。根本的には、意思決定のプロセスを探求型に変換したのである。以下がその内容である。

❶議論の参加者には、特定部門からの代表者としてではなく、「疑問を持った一般人」としての立場――利害関係を持たないクリティカル・シンカーとしての立場――を取ることを要求した。

❷ロバート・ケネディとセオドア・ソレンセンの両者を「御意見番」として任命し、可能な限りあらゆる論点を追求し、欠点や未検証の前提事項を暴露する役に充てた。

❸プロジェクトチームは、無礼講でいくこととし、正式なアジェンダの設定や、地位の上下関係に従う必要はないものとした。

❹参加者は、定期的に小グループに分けられ、幅広い選択肢を生み出しやすくした。

❺ケネディ大統領は、プロジェクトチームの初期段階のミーティングには常時出席せず、参加者の意見に影響を与えたり、討論にバイアスをかけないよう努めた。

この探求型への転換は、一九六二年一〇月に、大いに功を奏することとなった。ソ連が、それまで繰り返し同国大使を通じて確認してきた内容に反して、キューバに核ミサイルを配備したとの情報が入った。ケネディ大統領は、ただちに最高レベルのプロジェクトチームを招集し、これにどう対応するか、その答えを構築するよう命じた。このチームには、キューバ侵攻での責任者も数多く含まれていた。視野を広めるために適宜追加メンバーが招集され、二週間日中夜問わず、話し合いが続けられた。

さらに、自由なアイデアを促すため、大統領があえて、話し合いの場に参加しないこともあった。ロバート・ケネディは、与えられた役目に徹し、提案内容には頻繁に批判を加え、さらに新しい選択肢を生み出すようグループに発破をかけた。とりわけ、単に軍隊による空爆にゴーサインを出すか否かの決定に留まらないよう要求した。最終的には、海上封鎖または空爆を擁立する二派に分かれた。両グループとも、幅広い資料から情報を集めただけでなく、同じ情報機関からの写真を解釈し、さらに、非常に慎重に前提条項の解明、またその適合性の検証に努めた。その中には、米国戦術空軍が、実際に空爆で全ソビエト軍ミサイルを破壊できるのかという疑問も含まれていた。

両グループは意見書を交換し、相手の提案に批判を加えただけでなく、共同で新たな代替案を討論するようになった。結局、両案ともケネディ大統領に提出され、最終的な判断は大統領に委ねられた。

結果的に米国は、核ミサイル配備の脅威に対して、慎重に構築された回答によって対応できた。海上封鎖での対抗策が功を奏し、この危機を武力に訴えることなく解決できたのである。

【注】

この現象についての詳細は、"Fair Process: Managing in the Knowledge Economy," HBR, July-August 1997.(邦訳「信頼を築くフェアプロセスの原理」DHB、一九九八年一月号)を参照。

第**6**章

意思決定のRAPIDモデル

ベイン・アンド・カンパニー パートナー
ポール・ロジャース
ベイン・アンド・カンパニー パートナー
マルシア・ブレンコ

"Who Has the D?"
Harvard Business Review, January 2006.
邦訳「意思決定のRAPIDモデル」
『DIAMONDハーバード・ビジネス・レビュー』2006年4月号

ポール・ロジャース
(Paul Rogers)
ベイン・アンド・カンパニーのロンドン支社のパートナーであり、グローバル・オーガニゼーション・プラクティスのリーダーを務める。

マルシア・ブレンコ
(Marcia Blenko)
ベイン・アンド・カンパニーのボストン支社のパートナーであり、ベインの北米オーガニゼーション・プラクティスのリーダーを務める。

意思決定力は高収益組織の条件

意思決定は、産業界に流通する一種の通貨のようなものだ。いかなる成功も失敗も、またチャンスを物にできるか否かも、誰かの判断がうまくいき、誰かのそれがしくじったかの結果である。多くの企業において、たいてい意思決定権は奪い合いになる。個々の利害に大きく関わってくるからだ。したがって、意思決定は組織能力を左右する。業種、規模、知名度のいかんを問わず、またいかに戦略が優れていようと、的確な意思決定が素早く下せなかったり、その意思決定をきちんと実行できなかったりすれば、事業基盤は揺らいでしまう。

しかるべき意思決定をしかるべきタイミングで下していることが、高業績組織に共通する特徴である。グローバル企業三五〇社の経営陣を対象に調査したところ、競合他社よりも組織の生産性が高いという自信を示したのは、わずか一五%にすぎなかった。実際、これら高業績組織の優位とは、意思決定の質であり、そのスピードであり、実行力だった。

生産性の高い組織は、戦略上の意思決定、つまり市場への新規参入あるいは撤退、買収や売却、資源配分や人材配置に関する判断が優れている。また、一貫性とスピードが求められる業務上の意思決定、すなわち、どのように製品のイノベーションを推し進め、どのようにブランドをポジショニングし、どのように流通パートナーと付き合うのかといった課題でも強みを発揮している。

とはいえ、毅然とした行動力で定評ある組織でさえ、誰が、どの課題について意思決定するのかについて曖昧になっていることが少なくない。このような場合、意思決定プロセスで足踏みしかねない。そのようなボトルネックが生じるのは、次の四つの利害対立においてである。

- ●グローバル対ローカル
- ●本社対事業部
- ●部門対部門
- ●社内対社外パートナー

グローバル対ローカルによるボトルネックは、ほぼすべてのビジネスプロセスや部門で発生する。なかでも代表的なのは、ブランドマネジメントや製品開発にまつわる問題であり、とりわけローカル市場のニーズをどこまで製品に反映させるべきかをめぐって意見が対立しやすい。同じくマーケティングでも、プライシングや広告にまつわる決定権をローカルに与えるべきかどうかで問題になりやすい。

二番目のボトルネックである本社対事業部をめぐる問題は、親会社と子会社の間で起こりやすい。子会社や事業部は日々、顧客に接している。本社は大局的に目標を設定し、組織の引き締めを図る。では、意思決定権はどちらに置かれるべきだろうか。たとえば、大型投資案件の場合、現場が決定すべきなのか、それとも本社なのか。

三番目のボトルネック、すなわち意思決定権をめぐる部門対部門の綱引きは、最も一般的なものだ。

たとえば、新製品を開発する際、どこのメーカーでも製品開発部門とマーケティング部門の間を調整する必要がある。どちらが何を決めるべきか。両部門を交えた会議を開いても、たいていはおざなりの妥協に落ち着きがちである。また、当初の調整会議では、えてして最終決定者が参加していないため、後に見直さなければならないはめとなる。

アウトソーシング、ジョイントベンチャー、戦略的提携、そしてフランチャイジングなどが普及するにつれて、四番目のボトルネック、すなわち社外のパートナーとの間で生じる意思決定上の問題は、増加の一途をたどっている。このようなコラボレーションに当たって、どのような種類の意思決定ならば、社外パートナーに任せられるのか、またどのような種類の意思決定は社内に留めるべきかについて、具体的に決めておかなければならない。通常、前者は戦略の実践に関わる意思決定であり、後者は戦略そのものに関する意思決定となる。

有力アパレルメーカーや靴メーカーは、かつてアウトソーシングした際、工場労働者の賃金や労働条件を海外の委託先にすべて任せてしまったため、労働搾取という非難を浴び、不名誉な汚名を着せられるという大失敗を犯している。

「RAPID」のステップでボトルネックを解消する

意思決定にまつわるボトルネックを解消するステップの中で最も重要なのが、役割と責任を明確に割り振ることである。優れた意思決定を下すには、どのような類の意思決定が組織能力を左右するのかを見極める必要がある。

進むべき方向性は誰が提案するのか、それに同意すべきは誰か。誰が助言し、最終的に意思決定する責任を負うのは誰であり、その後の面倒を見るのは誰か。仕事の流れについても決めなければならない。こうすれば、各業務の連携が円滑化し、対応も速くなる。

意思決定プロセスにおける各役割を明確化し、責任を割り振る手法はいろいろある。我々が数年をかけて開発した手法は「RAPID《ラピッド》」と呼ばれるものだ。この手法は、すでに多くの組織で意思決定ガイドラインづくりに活用されている。

もちろん万能薬ではない。それに、優柔不断な者にはいかなるツールも無意味だ。それでも、出発点にはなる。RAPIDという文字そのものが、意思決定に伴う主な役割を表す。すなわち「提案」（R：recommend)、「同意」（A：agree)、「実行」（P：perform)、「助言」（I：input)、「意思決定」（D：decide）で構成されるが、必ずしもこの順番とは限らない（**章末**「意思決定の手引き」を参照）。

提案担当者は、計画立案や代替手段を提起する責任を負う。その内容はデータや分析によって裏打ちされていなければならず、合理性、実効性、そして効率性などについても常識的でなければならない。

同意者は、提案の実施に先立って承認するのが仕事である。提案を退ける時には、提案者と一緒に代替案をまとめるか、最終意思決定者に上申しなければならない。ただし、優れた意思決定を下すには、このような否決権の持ち主を数人に絞る必要がある。たとえば、コンプライアンスを担当する執行役員や、その意思決定によって大きな影響を被る部門を統括する責任者などだ。

助言者の役割を担う者は、提案を適切に検討するためにあらゆる関連情報を提供する責任を負う。たとえば、その提案はどれくらい現実的か、仕様変更の提案が製造上問題を起こすことはないかなどである。

異論や反対がある場合には、しかるべきタイミングで助言者を検討作業に加えることが重要だ。提案者は助言者の意見に必ずしも従う必要はないが、それを考慮する義務はある。助言者が提案を実行する立場を兼ねている時には、とりわけそうである。

コンセンサスを図ることは望ましいが、これを意思決定の基準にしてしまうと、実行を妨げたり、最大公約数的な妥協を招いたりしかねない。いったん下された決断に、関係者すべてを積極的に関わらせるほうが実際的であるのは言うまでもない。

最終的には、誰か一人が意思決定を下さなければならない。この人物の責任は、最終意思決定を下すだけに留まらず、それを組織に取り組ませることでもある。強力なリーダーシップを発揮するには、的確な意思決定力を持ち合わせ、意思決定に関わるトレードオフや偏見、実行部門について熟知していなければならない。

さらに、下された意思決定を実行する人たちがいる。彼らは決定された内容を適切かつ効率よく実行する責任を負う。これは大変重要な役割である。よい意思決定を素早く実行することは、最高の意思決定を段取り悪く、のろのろと実行することに勝る。

ＲＡＰＩＤは組織運営のやり方を一新するために用いられることもあれば、単にある意思決定上のボトルネックを解消するために役立てられることもある。企業によっては、最も重要な一〇～二〇件の意思決定に用いたり、ＣＥＯをはじめとする経営陣の意思決定に活用したりしている。一方、顧客サービスの改善など、組織全体に応用している場合もある。意思決定プロセスが円滑化すると、自然と評判がよくなるものだ。たとえば、米国の某大手物流会社では、経営陣がＲＡＰＩＤを難しい意思決定に応用した。これを見た現場もさっそくこれを採用した。

では、ＲＡＰＩＤが実際にどのように機能するのか、意思決定上のボトルネックを解消した四つの実例から見てみたい。

グローバル対ローカルのボトルネック

今日の大企業はおしなべてグローバルに事業展開している。原材料をある国で買い付け、それを別の場所で加工し、最終製品を世界中で販売するといった具合だ。たいていの組織は各地域の市場シェアやノウハウを確保すると同時に、スケールメリットを追求する。しかし、その結果、意思決定はひどく複雑になる。グローバルマネジャーの職務とローカルマネジャーのそれにまたがる意思決定も少なくない。さらに、別の地域がそこに関係してくることさえある。サプライチェーンを効率化するためにどのように投資すべきか、製品の標準化を進めるべきか、それともローカル市場に合わせて調整すべきか。

ここで肝になるのは、グローバルとローカルのどちらにも偏りすぎないことだ。グローバルに偏りすぎると、ローカル市場の嗜好を見落としやすくなり、臨機応変な対応や効率性が損なわれやすい。一方、ローカルに偏重しすぎると、スケールメリットやグローバル展開している法人顧客を失いやすくなる。

このバランスをうまく図るには、自社において最も重要な価値を特定し、常にそれに従って意思決定を下すことである。これこそ、世界第二位のたばこ会社、ブリティッシュ・アメリカン・タバコ（BAT）のCEO兼会長だったマーチン・ブロートンの課題だった。

一九九三年、彼がCEOに就任した時、最大のライバルから激しい攻勢が続いていた。ブロートンはグローバルにスケールメリットを働かせる必要性を感じていたが、BATの意思決定プロセスと責任分担はそれにそぐわないものだった。

世界を四分割し、それぞれに地域事業本部を置いていたが、各々が独立して動いており、協力など望むべくもなく、むしろ本部同士で競い合うことさえあった。グローバルブランドの一貫性を維持することは難しく、地域事業本部間に相乗効果を働かせ、コスト競争力を強化しようと試みたが、徒花に終わった。業界筋からは「世界には七つのメジャーなたばこ会社がある。その四つはBATである」と揶揄される始末だった。

ブロートンは、こうした事態に終止符を打とうと決意した。彼が思い描いた組織は、グローバル企業ならではの力を発揮するものだった。具体的には、アルトリアのマルボロのような勝ち組ブランドと肩を並べるグローバルブランドを確立し、葉たばこなどの原材料をグローバル規模で調達し、イノベーションと顧客管理の一貫性を高めることだ。

とはいえ、意思決定の中央集権化が過ぎて、ローカル市場での機敏さや意欲を損なうという愚も避けたかった。そこで、まず最も重要な意思決定を誰が担うのかをはっきりさせた。実験場となったのは調達分野だった。これまでは、各地域事業本部が独自にサプライヤーを選び、すべての原材料を購入していた。しかし、ブロートンの指揮の下、本社にグローバル調達チームが新設した。このチームには、サプライヤーを選択し、原料たばこや一部の包装材料などについて価格や品質基準を交渉する権限が与えられた。

これまでの地域調達チームは、グローバル調達チームの管理下に置かれた。そして、本社がサプライヤーと調達契約を交わす一方、実行責任は各地域調達チームに移行し、地域ごとの納品やサービスなどの詳細を詰めることになった。グローバル調達のスケールメリットが生まれない原材料、たとえば北米市場のメンソール入りフィルターなどについては、これまで通り地域調達チームに任せた。

調達分野における意思決定権の見直しが軌道に乗るにつれて、他の主要分野についても、意思決定の見直し作業が進められた。これは言うほどに簡単ではない。BATほどの規模の企業となると、膨大な数の組織で成り立っており、効率的な意思決定システムを構築するのは大仕事である。さらに、意思決定権とは権力にほかならず、人はそれを手放したがらない。

重要なのは、新しい意思決定システムに従って働く人たちの権限を見直すことだった。BATでは、ブロートンが複数のワーキンググループをつくり、それぞれ公式にも非公式にも次世代リーダーと目されている人たちに運営を任せた。

たとえば、ブロートンの後任としてCEOに就任したポール・アダムズは、当時地域事業本部を率いる立場であったが、ブランドや顧客管理に関する意思決定プロセスを再構築するチームを取りまとめた。

ブロートンは直属の部下を含め、他の経営陣には、各人の責任は上がってくる提案に助言することであり、否定することではないとはっきり伝えた。また、コンセンサスを求めるという一般的な過ちも犯さなかった。コンセンサスはえてして行動力を鈍らせる。そこで経営陣には、意思決定システムを変更するか否かを決めることが目標ではなく、変更することに熱意をもって取り組むように社内に促すことであると言い渡した。

意思決定権を統合整理したことで、グローバルオペレーションと地域の柔軟性を両立させることに成功した。効率や集中力が高まったことはＢＡＴの業績が証明している。同社は一〇年近くにわたって、売上げ、利益、時価発行総額の伸びで競合他社の平均を上回っている。英国の株式市場では優良銘柄の一つとなり、たばこ業界でもグローバルプレーヤーとして再評価されるようになった。

本社対事業部のボトルネック

意思決定における鉄則は、しかるべき地位のしかるべき人物に最終判断を委ねることである。ＢＡＴの場合ならば、スケールメリットを得るために、各地域事業本部の権限をグローバル調達チームにいくらかを移管する必要があった。

多くの企業において、経営陣と事業部長たちのパワーバランスが調整されている。意思決定権が本社部門に集中しすぎると、当の意思決定は次第に勢いを失い、ついには停止してしまう。本来ならば、現場で意思決定すべき案件を経営陣に上申してしまうことも、性格こそ異なれども、同じように意思決定の実行を鈍らせる。実際、このような問題を経験している組織は多い。中小企業ならば、経営陣が、あるいは一人のリーダーが、あらゆる重要案件について適切な意思決定を下すこともできるだろう。しかし、組織が成長し、事業の複雑性が高まっていくと、隅から隅まで把握したうえで意思決定することは難しくなる。

マネジメントスタイルの変更も――CEOが交替することがそのきっかけとなる――似たような緊張を生じさせる。たとえば、英国の某大手流通企業では、重要な意思決定のすべてを創業者に委ねるのが習わしだった。ところが、トップが代わり、後任者は経営陣にコンセンサスを求めるようになった。すると、経営陣たちは戸惑い、意思決定は遅れがちになった。よくあることだが、たいていの経営陣や取締役会は、この流通企業と同じように、マネジメントスタイルが変わった時、意思決定権を合わせて変更したりしない。

二〇〇〇年の後半、製薬会社のアメリカン・ホーム・プロダクツ（現ワイス・ファーマシューティカルズ）では、あるビジネスチャンスをめぐって、この問題が頭をもたげた。同社の医薬品部門は買収と提携を通じて、バイオテック、ワクチン、そして伝統的な医薬品という三本柱を擁していた。いずれも固有の市場特性、研究課題、業務上の課題を抱えていたが、主要な意思決定はすべて本社経営陣に上申されていた。その結果、「あらゆる議題をゼネラリストが検討していました」と、ワイスの北米およびグローバル事業担当の社長を務めるジョゼフ・M・マハディは言う。「つまり、最善の意思決定ではなかったのです」

やがてバイオテック事業に、千載一遇のチャンスが訪れた。慢性関節リューマチ治療薬であるエンブレル（一般名エタネルセプト）で、いっきに業界をリードできるかもしれないというのだ。ただし、発売のタイミングがカギを握っていた。この時、ワイスが抱えていた意思決定の問題が浮上してきた。ライバルも同様の新薬開発を急ピッチで進めており、したがっていっそうのスピードが必要とされた。新工場を建設し、生産能力を拡大することもその一環であり、候補地はアイルランドのサウスカウンティ・ダブリンにあるグレンジキャッスル・ビジネスパークだった。

この意思決定は、何ともややこしいものだった。まず、無事当局の認可が得られるかどうか。また、世界最大のバイオ医薬品生産施設という、ワイスにすれば過去最大の投資（約二〇億ドル）でもある。しかも、そもそも新薬の需要の歩留まりは読みにくい。

さらに、エンブレルはイムネックス（現アムジェン）と共同販売する予定であった。したがって、グレンジキャッスルに生産施設を建設するに当たっては、技術的なノウハウの蓄積や移管、そして不確実な競争環境といった要素も考慮しなければならない。委員会は二社にまたがって存在しており、それゆえ有益な助言も得られず、経営陣は状況を把握するだけでも苦労した。

もちろん、チャンスは待ってくれない。そこでワイスは、グレンジキャッスルを初めて視察してから半年後、さっそく工場の建設に着手した。しかしこの時、より大きな問題に直面した。マーケティングや生産能力など、経営陣の助言が必要な場合に限っては上申するが、通常の場合には、業務知識に明るい現場が即断即決できるように意思決定プロセスを改革しなければならなかったのである。

微妙な問題については、これまで通り経営陣から是非を仰ぐが、グレンジキャッスルに関する決定権の大半が事業部長に委譲された。この投資にゴーサインが出された後、エンブレル事業の意思決定権は、バイオテック事業担当のエグゼクティブバイスプレジデント、キャバン・レッドモンドと彼のチームに委ねられた。

イムネックスと提携するにしても、そのための段取りは一筋縄にいかない。そこでレッドモンドは、バイオテック担当の製造部門をはじめ、マーケティング、需要予測、財務、R＆Dなどのマネジャーたちから助言を集め、早々に手順についてまとめた。計画をきちんと遂行する責任は事業本部にある。この点は以前と変わらない。しかしいまや、レッドモンドはスタッフの力を借りながら、重要な意思決定を下すことができる。グレンジキャッスルへの投資はおおむね報われているといってよい。エンブレルはリューマチ薬の一大ブランドへと成長し、二〇〇五年前半には一七億ドルを売り上げた。

また、ワイスの意思決定力も大きく向上した。二〇〇五年前半、ＦＤＡ（米国食品医薬品局）が耐性菌感染症に有効な抗菌剤タイガシルの承認検査を優先的に実施すると発表した時も、機敏な行動を見せた。タイガシルの優位を確保するには、処理技術の改善、原材料の手配、品質管理の徹底、生産体制の構築など、さまざまな重要課題を取りまとめなければならなかった。そのため、現場を預かるバイオテック部門内の、さらに一ないし二段低い階層の管理職に意思決定を委譲した。「官僚主義に陥ることなく、意思決定に関係各位を巻き込んでいく仕組みを整え、タイガシルの発売を急ぐことにしました」とマハディは言う。二〇〇五年六月一六日、同薬はＦＤＡに承認されたが、何とその三日後にワイスは量産体制に入った。

部門間のボトルネック

組織の命運すら左右する決定的な意思決定というものは、複数部門にまたがる課題であることが少なくない。実際、「部門横断的なコラボレーション」はビジネスの金言となり、自社と顧客に最善の結論を導くうえで不可欠になっている。たとえばトヨタ自動車やデルはそういったコラボレーションに定評があるとはいえ、彼らにしても、常に大きな課題になっている。独立独歩で仕事を進める部門が出てくれば、関連情報にうとくなったり、我々こそ関わるべきであると考える他部門から横やりを入れられたりすることもあるだろう。

部門横断的な重要課題は、えてしてまとめにくいものである。このせいで足踏みしているうちに、後々大きなツケを支払わされかねない。問題は、誰に意思決定権があるのかをはっきりさせていないことだ。某自動車メーカーでは、新車の発売が予定に間に合わなかった。もちろん大損失である。その原因は、マーケティング部門と製品開発部門のどちらが標準装備の内容や外装の色のバリエーションを決めるのか、はっきりしていないからだった。筆者らがマーケティング部門に標準装備の決定権はどちらにあるのかを質したところ、八三%が「自分たちである」と答えた。一方、同じ質問を製品開発部門に聞いたところ、六四%がやはり「自分たちである」と述べた（**章末**「意思決定がなかなか進まない」を参照）。

部門間の意思決定で支障を来すという問題は、流通業界でも珍しくない。一八六四年に一号店を開店し、現在英国を代表する百貨店であるジョン・ルイス・パートナーシップは、他の小売企業に比べれば、この問題を速やかに解決できる組織文化を持ち合わせている。二〇世紀初頭、創業者の息子であるジョン・スペダン・ルイスは、従業員持ち株制度を最初に導入した人物である。以来、経営陣と従業員との間に結ばれた固い絆は、業務のあらゆる面で見られる。それは、従業員数五万九六〇〇人、売上げ五〇億ポンドの規模に達した二〇〇四年時点でもそのまま維持されている。

協調とチームワークの伝統を誇るジョン・ルイスでさえ、部門横断的な意思決定は難しい。同社では、瓶詰めの塩と胡椒の品揃えを自慢にしており、他店では二〇種類程度しか並べていないが、五〇種類もの品を揃えている。バイヤーは、価格帯とデザインの傾向で売れ筋を絞れば、在庫切れが起こりにくく、売上げも増えると考えた。

ところが、実際にやってみると、売上げが落ちてしまった。バイヤーは、その原因が何なのか、陳列棚を見るまでまったく見当がつかなかった。バイヤーは販売スタッフと十分相談しないまま、この変更を実施したため、バイヤーの意図は店頭に反映されなかったのだ。品数を減らしたせいで、売り場スペースは半分に減らされ、当然、同じスペースを維持したまま、各種商品について在庫を確保するという所期の目的は達せられていなかった。

こうした意思決定の主導権という問題に取り組むに当たって、ジョン・ルイスではまず意思決定プロセスの各役割をはっきりさせた。その際、バイヤーには商品カテゴリーごとに配分すべきスペースを決定する権限を与えた。また販売スタッフには、そのスペースの決定に納得できなければ、バイヤーと交渉する権限を与える一方、商品陳列に関する責任を負わせた。このようにコミュニケーションを改善し、店頭陳列が計画通りに修正されると、塩や胡椒の売上げは、従来の水準をはるかに上回る結果となった。

塩と胡椒の小瓶をめぐる両者間の意思決定プロセスを整理するのは比較的やさしい。ジョン・ルイスにすれば、塩と胡椒の小瓶は数ある商品群の一つにすぎないからだ。しかし、全社的に意思決定プロセスを再構築するのは大仕事である。規模が大きくなればなるほど、部門間のボトルネックを解消するのが難しくなる。各部門の動機や目標はそれぞれ異なっており、これらがぶつかり合うことも少なくない。

購買と販売、マーケティングと製品開発といった部門間で意思決定権の取り合いが起こった時には、どちらかにその権限を与えてしまうのがよい。つまり、誰かが価値の生み出されている場所を客観的に考え、それに従って意思決定の役割を割り振らなければならないからである。

しかし、部門間のボトルネックの解消は、意思決定権を移管するよりも、しかるべき情報の持ち主がそれをすすんで共有するかどうかにかかっている場合が多い。もちろん最終意思決定権の所在をはっきりさせることは大切ではあるが、それ以上に重要なのは、決まったことを日常業務に織り込んでいくことなのだ（**章末**「意思決定志向組織」を参照）。

社内対社外のボトルネック

組織内の意思決定だけでも十分難しいにもかかわらず、遠く離れた外国の組織との間で事を決するとなると、さらに事態は複雑化する。このため、強固な戦略でさえ失敗に帰することがある。そこで、コストや品質上の優位性を得るためにアウトソーシングする時には、どの案件は社内で意思決定すべきか、またどの案件はアウトソーサーに意思決定を委ねるべきかを考えなければならない。

アウトソーシング以外でも、戦略的提携、たとえばグローバル展開する銀行がITベンダーの力を借りてシステムを開発したり、メディア企業がコンテンツを制作会社から購入したりする場合、あるいはフランチャイズ制で事業展開する場合なども、同様の問題を抱えがちである。

どちらが何について意思決定すべきかについて、唯一最善解はない。とはいえ、契約を結べば、後はうまくいくと考えるのは誤りである。米国のあるアウトドア用品メーカーは最近、低価格帯の屋外ガスストーブに進出しようと試みた際、そのことを思い知らされた。同社では、中国企業に高級品の生産を委託しており、これまでのところ順調だった。そのような折、ウォルマート、ターゲット、ホーム・デポなどのディスカウントストアが台頭するにつれて、低価格品を提供しなければならず、海外生産をいっそう推し進める必要に迫られた。

スケジュールを考えると、失敗は許されなかった。何しろ二〇〇四年四月から六月にかけて工場の生産ラインを変更し、クリスマス商戦に間に合わせようというのだ。さっそく問題が噴出した。中国のパートナー企業は、コストはともかく、米国の消費者が求める品質水準についてあまりに無知だったのである。米国本社からコスト高の設計が送られてくると、中国パートナーの工場長は、契約した価格で納めるために品質を落とした。たとえば、安物の原材料を使ったせいで、退色が起こった。製造は難しくないが、電源スイッチは使いにくい位置に取り付けられていた。鋳型成型が必要な複雑な部品を複数の部品を溶接してつくったせいで、見栄えが損なわれた等々――。

これらの問題を解決するために、メーカーの経営陣はどの意思決定を太平洋のどちら側で下すべきか、線引きをはっきりさせなければならなかった。そこで、設計と製造のプロセスを五段階に分け、各段階で意思決定がどのように下されているのかについて検証した。また、設計仕様もより細かく指定し、それに製造現場がどのように対応すべきかをあらためて具体化させた。

以上の目的は、単純に決定権を割り振ることではなく、それぞれの意思決定からしかるべき価値を引き出すことだった。完成品の見栄えや使い心地に関わる意思決定については米国本社の承認を義務付けた。一方、これら以外のことについては、中国側で決めてよいことにした。たとえば、見栄えや機能、手触りなどに影響を及ぼさない原材料については、中国パートナーの技術者が自主的に意思決定できることとしたのだ。

この体制変更を徹底するために、同社では技術者チームを中国に派遣し、設計仕様の受け渡しをより円滑化したり、本社に上申していては時間のかかる意思決定を現地で下したりした。

本社のマーケティング責任者は、消費者が自宅に持ち帰った商品を一〇分以内、六段階以下で組み立てられることを要求した。この時、中国に派遣された技術陣は、現地の製造チームにさまざまなアドバイスを提供し、それを実行させる責任を負った。この一件は、大規模な設計変更が不可避であったため、最終決定権は本社に残した。一方、ロジスティックス関連の意思決定は、中国側の技術者チームの専決事項とした。その結果、梱包が工夫され、コンテナ一台当たりの積載量が三割以上も増え、輸送コストは大幅に削減された。

＊　＊　＊

会議に呼ばれて、「どうして私がここにいるんだろう」と思うことがかなり減ったと感じ始めたならば、組織としての意思決定力が向上しつつある兆しといえる。会議を始める時、誰が助言し、誰が最終決定権を行使するのか、全員がわかっていれば、意思決定の質は高まる（**章末**「意思決定の問診表」を参照）。

意思決定が苦手な組織を一夜にして達人に変えられる魔法はない。しかし、勝利する組織は、意思決定の変化をあらかじめ織り込んで計画を立案できるわけでもない。同じく、アクシデントや事業環境の変化をあらかじめ織り込んで計画を立案できるわけでもない。しかし、勝利する組織は、意思決定が隘路に入りそうな場面を見越したうえで、事業環境の変化に応じて意思決定権と各人の責任を見直している。もちろん、たやすいことではない。しかしだからこそ、ライバルにすれば、真似するのは難しい。本稿で紹介した手順を踏めば、次の意思決定はずっとスムーズに下すことができるだろう。

意思決定の手引き

優れた意思決定を下すのは、明快かつ具体的に役割を割り振ることにかかっている。言われれば当たり前だが、大半の企業が意思決定に悪戦苦闘している。あまりにも多くの人たちが「自分の責務である」と勝手に思っているせいか、あるいは逆に誰もそう思っていないからだ。

RAPIDをはじめ、意思決定支援ツールは、役割を割り振ったり、関係者を巻き込んだりするうえで効果的だ。カギとなるのは、誰が助言を提供し、誰に最終決定権があり、誰がそれを実行するのかをはっきりさせることにある。RAPIDの五文字は、重要な意思決定の役割に応じたものだ。「提案」（R：recommend）、「同意」

（A：agree）、「実行」（P：perform）、「助言」（I：input）、「意思決定」（D：decide）である。ただし、読み進んでもらえばわかる通り、必ずしもこの順番とは限らない。覚えやすくするための頭文字と割り切ってほしい。

R…提案

この役割を担う人は、提案し、助言を仰ぎ、正確なデータや分析を提供し、タイムリーかつ分別ある意思決定を支援する責任を負う。提案をまとめるうえでは、助言者と相談し、さらに彼らを当事者として巻き込んでいかなければならない。提案者には分析スキル、常識、そして社内を如才なくまとめる力が必要である。

A…同意

この役割を担う人は、提案についての是非を述べる役割を担う。是非を決めるに当たっては、できるだけ提案者と議論すべきである。むろん、提案内容を改善するためだ。しかし、なかなか決着がつかなかったり、どうしても合意に達しなかったりする場合、決定権の持ち主に上申する。

I…助言

この役割を担う人は、意思決定を下すうえでの相談を受ける。助言者はたいてい実行にも関わっているものであり、提案者はこの助言を真摯に受け止めなければならない。とはいえ、それを絶対に受け入れる必要はないが、だからといって、ないがしろにしてはならない。しかるべき人が関わっていなかったり、やる気に欠けていたりすれば、何を決めても実行段階でぐらつきやすくなる。

D…意思決定

この役割を担う人は、正式な意思決定者としての権限を有する。決定事項について最終的な責任を負い、意思決定プロセスのあらゆる問題についても裁定する権限を持ち、組織に実行を促す責任を負う。

P…実行

ひとたび決定が下されたら、ある個人かグループが、その実行の責任を負う。場合によっては、決定した人々が実行者になることもある。

優れた意思決定を下すには、これらの役割を書き出し、責任を割り振るのは必要不可欠だが、これに続くプロセスも大切である。各役割を担う人を増やしすぎると、その重みでプロセスが崩壊しかねない。最も効率的なのは、具体的でありながら、必要に応じて応用を利かせられるだけのシンプルさを確保することだ。

意思決定プロセスが足踏みし始めたら、えてして三つの問題発生ポイントに起因している。第一は、誰に最終決定権があるのかがはっきりしていないこと。二人以上の人間がこの権利を主張し始めると、意思決定プロセスは主導権争いの狭間で膠着してしまう。この逆も、同じくらいタチが悪い。誰も重要な意思決定に責任を負わないことで問題が生じる。第二に、提案への拒否権を持つ人が多すぎると、提案者は頭を抱えるはめになる。また、社内に賛同者が多すぎると、その意思決定はたいてい十分社内に浸透しない。第三に、助言者が多すぎれば、少なくともその一部は、これといった貢献を果たしていない証拠である。

意思決定がなかなか進まない

筆者らが調査した某自動車メーカーでは、マーケティング部門と製品開発部門のどちらが新製品に関する決定権を持つのか、混乱を来していた。

「標準装備の中身について決める部門はどこか」。この問いについて、製品開発部門の六四％が「自分たちである」と答え、マーケティング部門の八三％も「自分たちである」と答えた。

「車体の色に関する決定権はどちらにあるのか」。この問いについて、製品開発部門の七七％が「自分たちである」と答え、マーケティング部門の六一％も「自分たちである」と答えた。

新車の発売が遅れたのも無理はない。

意思決定志向組織

高業績組織の特徴は、優れた意思決定を素早く下せることだ。そのような特徴を有する組織の大半が、次のような原則に従っている。

意思決定の優先順位をはっきりさせる

事業価値の創出につながる意思決定を何より重視する。そのいくつかは大きな戦略上の意思決定となるが、日常的な意思決定もそれに劣らず重要であり、戦略を効率的に実践するうえで欠かせない。

行動こそ目標

優れた意思決定は、それだけに終わることなく、その後の実行を伴わなければならない。もちろん、組織を挙げて行動しなければならないが、コンセンサスを得ることが目標ではない。コンセンサスはえてして行動を妨げる。大切なのは、みんなが当事者意識をもって取り組むことである。

曖昧さを排す

責任の所在を明らかにする必要がある。誰が助言するのか、判断するのは誰か、そして実行するのは誰か。それをきちんと決めておかないと、意思決定が隘路に入り、どんどん遅れていくのが関の山である。単純明快とは、必ずしも少人数に権限を集中させることではない。誰が意思決定し、助言し、実行責任を負っているのかをはっきりさせることにほかならない。

スピードと適応力が欠かせない

優れた意思決定を素早く下せる企業の新陳代謝は高い。それゆえ、チャンスを確実につかみ、障害を乗り越える。意思決定力に優れた人は、人々がすぐに集まり、最も大切なことについてすんなり意思決定できるような組織環境を整える。

意思決定は肩書きに優先する

どのような意思決定メカニズムを構築しても、あらゆる状況において優れた意思決定が下せるというわけではない。問題は、その状況に最もふさわしい適材を配置することだ。

風通しのよい組織は役割を強める

意思決定にまつわる役割を明確にすることは欠かせないが、それだけで十分とはいえない。正しい意思決定アプローチについて、その評価法、インセンティブ、情報の流れ、組織文化などによって強化を図らない限り、意思決定志向は定着しない。

論より行動

意思決定にまつわる役割を決める際には、そこで新たな役割を担う人々を巻き込むことだ。新たな意思決定について彼らに考えさせることで、状況への適応が促される。

意思決定力の問診表

あなたが関わった直近の意思決定三つについて振り返り、次の質問に自問自答してみてほしい。

❶その意思決定は適切なものだったか。
❷しかるべきスピードで決断したか。
❸それはきちんと実行されているか。
❹しかるべき人たちが関わっていたか。
❺次の点ははっきりしていたか。
・誰が解決策を提案したか。
・誰が助言したか。
・誰に最終決定権があったか。
・誰が実行の責任を負ったか。
❻意思決定の役割分担、プロセス、期限は守られたか。
❼その意思決定は事実に基づいていたか。
❽異論や反証があっても、最終決定権の所在は明らかだったか。
❾その意思決定者は、社内のしかるべき職位の人物か。
❿業績評価基準やインセンティブは正しい意思決定を促すものか。

第7章

道徳家ほど おのれの偏見に気づかない

ハーバード大学 教授
マーザリン R. バナジ
ハーバード・ビジネス・スクール 教授
マックス H. ベイザーマン
ハーバード・ビジネス・スクール 博士課程
ドリー・チャフ

"How (Un) ethical Are You?"
Harvard Business Review, December 2003.
邦訳「道徳家ほど己の偏見に気づかない」
『DIAMONDハーバード・ビジネス・レビュー』2004年8月号

マーザリン R. バナジ
(Mahzarin R. Banaji)
ハーバード大学心理学科社会倫理学リチャード・クラーク・カボット記念講座教授であり、また、マサチューセッツ州ケンブリッジにあるハーバード・ラドクリフ高等研究所のキャロル K. フォルツハイマー記念講座教授。

マックス H. ベイザーマン
(Max H. Bazerman)
ハーバード・ビジネス・スクールのジェシー・イシドア・ストラウス記念講座教授。

ドリー・チャフ
(Dolly Chugh)
ハーバード・ビジネス・スクールで修士課程取得。現在、ハーバード大学の組織行動学と社会心理学のジョイントプログラムにおける博士課程在籍中。

実はあなたは倫理的な人間ではない

次の質問に「はい」か「いいえ」で答えてください。

「マネジャーとして、倫理に基づいて行動していますか」

もし「はい」と答えたならば、不愉快な事実と向き合わなければならなくなるだろう。というのも、あなたが倫理に基づいて行動するマネジャーではないからだ。

自分のことを倫理的で偏見に囚われていないと思っている人が大多数だろう。我々は、頭の中では、自分が優秀な意思決定者であり、求職者を客観的に評価し、また交渉を進める際にも会社への利益を最優先にしているつもりでいる。

しかし、二〇年以上にもわたる調査で実証されたところによれば、ほとんどの人が描いている自画像と実際とはひどくかけ離れている。我々は、エール大学の心理学者、デイビッド・アーマーが主張するところの「客観性の錯覚」に惑わされている。つまり、他人の偏見はすぐに悟っても、自分自身はまったく偏見などと無縁であると勘違いしているのだ。

さらに、この無意識下の、あるいは潜在意識下の偏見は、我々の意識的で顕在化した信念とは逆の場合もありうる。求職者の肌の色は「採用を判断するうえで何の意味も持たない」、あるいは「利害の対立には無関係である」と、自信と信念をもって信じているかもしれない。

しかし心理学の調査では、きまって故意ではない無意識の偏見が存在することが証明されている。このような偏見の蔓延は何を意味するのか。それは、たとえどんなに善意にあふれている人でも、知らずしらずのうちに、無意識下の考えや感情が、一見客観的な意思決定に影響してしまっているということである。

その結果、下された判断は完璧ではなく、倫理的な問題をはらんでいるばかりか、管理職の根幹を成す仕事、たとえば優れた人材を探し出して確保する、個人やチームを支援し、パートナーと能率よく共同作業に取り組むといった活動を台無しにしてしまう。

では、故意ではないが、倫理にもとる意思決定に関する原因について、四つ挙げてみたい。

❶潜在意識に巣食う偏見
❷仲間内へのえこひいき
❸高い評価の要求
❹利害の対立

誰もが、これら偏見の原因をはっきりと自覚しているわけではないため、間違った決定を下した人を罰しても、偏見の根本的な原因に対処できない場合が多い。従来ながらの倫理教育だけでは、このような原因を正すこともなかなか難しい。むしろマネジャーは新たな警戒心を抱く必要に迫られているといえる。

手始めに、意識した態度が必ずしもそのように表現されているとは限らないことを自覚しなければならない。さらに、自分は客観的であるとか、自分は偏見など持っていないとする考え方を捨て去ることも必要だ。決断を鈍らせがちな、しかし故意ではない偏見が蔓延していることをマネジャーたちに認識させ、そのマイナス影響を少しでも減じる戦略を、以下に提案したい。

潜在意識に巣食う偏見

誰にでも分け隔てなく接する人は、他人を評価する際、その長所を見つけようと心がけるものだ。しかし筆者らの調査によれば、それにもかかわらず、無意識下における固定観念や態度、あるいは「潜在的偏見」に従って評価してしまうことが多い。

潜在的偏見がこれほどまでにはびこっているのは、その偏見が根本的な思考プロセスに根差しているものだからである。

我々は青少年期において、物事を何か別のものと関連させて考える癖が身についており、これらは共存して当たり前と思うようになる。たとえば、雷と雨、白髪と老年といった具合だ。このような思考技術、つまり連想されるものを感知し、そこから学習することはとても役に立つ。しかし、このような連想は、現実をおおまかにしか反映していない。めぐり合うものすべてに当てはまるかというと、必ずしもそうではない。雷が鳴ったからといって雨が降るとは限らない。また若者にも白髪が生えることはある。にもかかわらず、自分の世界を構築するために自動的に何かを連想し、自分なりの常識として身につけてしまう。たとえその連想が的外れなものでも、つまり予想と一致しない場合でも、当たり前のこととして受け入れてしまうのである。

潜在的偏見は、日常的な無意識下の性向によって起こり、またこの性向こそ、このような連想を生み出す。したがって、この潜在的偏見は、あからさまな人種差別や性差別のような意識的に顕在化する偏見とは明らかに異なる。そして、この違いこそが、意識的な偏見を持っていない人でも、なぜ心の奥底に偏見が巣食い、それに従って行動してしまうのかを説明するものでもある。

肌の色と暴力を結び付けるような映像や女性をセックスの対象として描いた画像を見せられたり、身体障害者が精神的にも弱者であるとか、貧しいと怠惰であるとか暗示されたりすると、いかに良心的で公平な人でも、否応なく偏った連想を抱くようになる。その結果、職場でも、そのほかのいかなる場所でも、同様の連想が働いてしまう。

一九九〇年代半ばに、ワシントン大学の心理学教授、トニー・グリーンワルドは、無意識下における潜在的偏見を研究するために「ＩＡＴ」（潜在的自己観測定：Implicit Association Test）と呼ばれる実験ツールを開発し、これをデジタル化した。

このテストでは、被験者は提示された単語と画像を、すばやく「よい」と「悪い」に識別しなければならない。具体的には、「愛」「喜び」「苦痛」そして「悲しみ」などといった言葉について、一瞬でよいか悪いかを判断し、キーを叩く。しかも同時に――取り上げられている偏見の種類にもよるが――「肌の色の違い」「年齢の違い」「体型の違い」といった、それぞれの顔の画像も選別する。

被験者に異なった言葉と顔の組み合わせを要求した時、その反応時間におけるわずかな変化を検知する。これによって、潜在的偏見が明らかになる。たとえば、アフリカ系米国人、あるいは年配者に対して、自分は否定的な感情は持ち合わせていないと自覚している被験者でも、若者や白人の顔を「よい」という単語と結び付けるのに要する時間より、老人やアフリカ系米国人の顔を「よい」に結び付けるのにかかる時間のほうが長いといったことがよく起こる。

グリーンワルド、ブライアン・ノセック、マーザリン・バナジが、IATをオンラインで受検できるようにしたのは一九九八年のことである。以来、全世界で二五〇万回以上も利用されている。そして、従来の実験が発見した成果を裏付けるとともに、さらに発展させている。もちろん、いずれも潜在的偏見がまだまだ根強いという事実を示している（**章末**「あなたは『偏見はない』と言い切れるか」を参照）。

偏見は高くつく場合もある。ラトガース大学のローリー・ラドマンとローレンス大学のピーター・グリックという二人の心理学者が、潜在的偏見のせいで、資質に恵まれていても、ある種類の業務では排除が起こっていることを研究している。

まず一連の実験によって、被験者の性別における潜在的な固定観念と採用の合否における因果関係について調べた。潜在的偏見が強い被験者には、一般的に「女性的性向」とされる対人能力が要求される仕事の人事採用において、野心や自立心といった、いわゆる「男性的性向」と思われる資質を示した女性候補者を――いかに適性が高くとも――選択しない傾向が見られた。しかし、候補者が男性だった場合、これら被験者は、その男性を選択するだろうという。採用者の偏った認識によれば、男女の能力が実際は同じでも、女性のほうが男性より社会性に乏しいということになる。

潜在的偏見のせいで、組織が才能ある人材を求めているにもかかわらず、適性の高い人材が巧妙に排除されている。その結果、組織に負担がかかっている可能性があることを調査は示している。

訴訟でも、潜在的偏見の経済的コスト、および社会的コストは明らかになっている。プライス・ウォーターハウス対ホプキンスの判例を思い出してほしい。アン・ホプキンスは同僚よりも数多くの顧客に請求可能な時間を記録し、会社に二五〇〇万ドルの売上げをもたらし、顧客からの称賛も得たにもかかわらず、パートナーになれなかった。そして彼女は会社を訴えた。判例の詳細を読むと、彼女の業績を評価する者たちの態度には明らかに偏見がうかがえた。たとえば、アンが女性ゆえに「過剰にひいきされている」とか、「マナー教室で行儀を習うべきだ」といったコメントが書かれていた。

しかしむしろ、法律面で不利に働いたのは、実証的研究に基づく単刀直入な証言だった。専門家として証人に立ったスーザン・フィスク（現在プリンストン大学で心理学教授を務めている）は、次のように証言した。「偏見に満ちた意思決定は、その人物が『組織内で唯一の存在である状況』、つまり、組織内で同じ状況の人がほかにいない場合、たとえば、唯一の女性、唯一のアフリカ系米国人、唯一の身体障害者といった場合に起こるおそれがあります」

ゲルハルト・ゲセル判事は、アン・ホプキンスに関する査定には「通常の差別的な意図をはるかに超えた陰湿な行為が含まれている」という裁断を下し、アンは下級裁判所でも最高裁でも勝訴した。この一件はいまや、差別訴訟における画期的な判例の一つになっている。

類似した訴訟として、一九九九年の判例、トーマス対イーストマン・コダックが挙げられるだろう。

このケースは潜在的偏見が判決理由になりうることを示している。この時、裁判所は「雇用人は意識的に人種に基づいて評価したのか。あるいは、単純に何も考えずに固定観念あるいは偏見に縛られていたため、そうしてしまったのか」という疑問を提起した。裁判所の結論は、「人目につかない、あるいは無意識の人種差別を簡単に隠すことのできる主観的評価」に異議を差しはさむことは可能であるというものだった。裁判所は慎重なことに、他意のない偏見の責任を安易に問うことはしていない。

これらの判例は、このような行動様式を知らずしらずのうちに、企業がつくり出しているかもしれないと、その責任を示唆してもいる。

仲間内へのえこひいき

ここ数年において、友人、親戚、あるいは同僚に、何か特別なことをしたかどうか考えてみてほしい。紹介、学校への入学許可、就職活動の支援といったことがなかっただろうか。たいていの人がこのような厚意を示すことに喜びを感じる。

驚くほどのことではないが、我々は自分の知り合いに、より好意的な行動を訴える傾向があり、しかもその知り合いとは、概して自分に似ている人になりがちである。つまり、同じ国籍、同じ社会階層、そしておそらくは同じ宗教、人種、雇用者、あるいは母校が同じといった人々である。

このような共通点はまったく無害であるかに見える。あなたの隣人がたまたま大学の学長で、同僚の息子に会ってくれるよう頼むことのどこがいけないのか。ソロリティ・クラブ（女子学生社交クラブ）の元仲間が仕事に就けるように推薦したり、教会の友人が住宅ローンを断られたからといって自分のいとこの銀行家に話を通したりするのは、ただちょっと役に立ちたいと思っただけではないか。

このような親切な行為によって誰かを排除しようと企む人は稀である。ただし、主流派に属している人、あるいは権力の座に就いている人が乏しい資源、たとえば仕事、昇進、それに住宅ローンといったものを分配しようとする時、自分とは異なる人々を事実上差別する。このようなえこひいきは、仲間であることに特別な意味を持たせてしまう。

とはいえ、自分とは異なる人々を差別することが非倫理的だと見なされている一方で、親しい人を助けることは好ましいと解釈されることが多い。実際、友人に就職するチャンスがあると勧めた社員には、その際のボーナスを支給して、明らかにこのような行為を奨励している企業が多いことを思い出してほしい。

米国の銀行が、住宅ローンの申し込みに対して、白人とアフリカ系米国人の申込者が同等の資格を有していたとしても、アフリカ系米国人の申込者を断る傾向が強いことが明らかになっている。これについても合わせて考えてみてほしい。

銀行は「アフリカ系米国人には冷たい」という共通認識はいまだ払拭されない。たしかに銀行や融資担当者の中にはそのような銀行も担当者も存在する。社会心理学者のデイビッド・メシックは、仲間内のえこひいきがこのような差別的融資の原因となることが多いと主張している。

白人の融資担当者は、融資資格を満たしていないアフリカ系米国人の申込者には銀行の基準に厳格に従う一方で、同じような白人の申込者には、期待を抱いたり寛大な気持ちになったりするかもしれない。アフリカ系米国人の申込者を断る際、融資担当者は白人へのえこひいきほどには、アフリカ系米国人に敵意を見せてはいないのかもしれない。この点は微妙だが、無視できないところだ。

倫理にもとることは明らかで、問題を正すのに十分な理由となってしかるべきである。しかも、このような故意ではない偏見は別の影響ももたらす。当期利益を侵食することになる。

前述したような差別を露わにする貸し手は、たとえば、融資判断が具体的かつ客観的であれば、抱えることのない不良債権を背負い込むことになる。加えて、歪んだ融資姿勢が表沙汰になったり、あるいは差別訴訟に発展したりと、会社の評判に傷がつくことになるかもしれない。

また別の状況もありうる。大した業績も上げられない社員だけでなく、身内への情実人事を熱心に進めるマネジャーにも、いらぬコストを支払うはめになるのかもしれない。このようなえこひいきは、仲間であることに明らかな利点がある場合、いっそう執拗になる。たとえば、白人や他の勢力のある社会集団における場合のように――。一方、いくら仲間であろうと社会的メリットに乏しい集団内では、えこひいきにブレーキがかかるか、もしくは見られない。

マネジャーの職掌は、社員の採用、解雇、昇進から、業務の請け負い、提携関係の締結など多岐にわたる。そのため能力の高い候補者であっても少数派の出身だと、巧妙かつ無意識のうちに、単に少数派出身という理由だけで、差別されてしまうことがある。多数派の出身者に対するえこひいきに十分対抗できるだけの少数派出身者がいないからだ。

高い評価の要求

成功者はすべて肯定的に自己評価する。しかし、多くの調査結果が示唆する通り、大半の人々がさまざまな基準、知性から自動車の運転技術に至るまで、自分が平均以上だと自負している。経営幹部も例外ではない。

我々は、組織に対する自分の個人的な貢献を過度に評価する傾向が強い。つまり率直に言えば、過剰な権利意識を抱く傾向があるのだ。我々はこのような潜在的偏見の恩恵を臆面もなく何回も受けるようになる。したがって、自分自身の貢献しか頭になければ、その分一緒に働く他の人々の貢献度の評価は低くなる。

偏見の最も個人的な側面について考えるうえで、研究室における研究活動は好例である。最近、ハーバード大学で、ユージーン・カルッソ、ニック・エプリー、それにマックス・ベイザーマンが、MBAのスタディグループの学生たちにグループへの自分の貢献度を評価するよう依頼した。

メンバー全員の貢献度を足し合わせれば、もちろん一〇〇%になるはずだ。ところが、研究者が手にしたのは、各スタディグループの合計は平均で一三九%という結果だった。カルッソたちの関連調査では、共同研究プロジェクトを実施した学者の間でも、このように過大評価する傾向が極めて強いことがわかっている。

悲しいことだが、また驚くまでもないことだが、グループの貢献度の評価合計が一〇〇%を超えれば超えるほど、換言すれば、各人が自分の貢献度を高く評価すればするほど、そのグループは同じメンバーでもう一度共同作業に取り組むことを嫌がった。

同様に、ビジネスの世界でも、評価を求めすぎると、協調が崩れるおそれがある。戦略的提携を結んだ企業同士が、自社の貢献をあまりに高く評価するあまり、相手の企業が十分に貢献しているのかどうか、懐疑的になってしまう。すると、これを埋め合わせようと互いに貢献度を下げてしまう。これでは、ジョイントベンチャーの業績に明らかにマイナス影響となる。

無意識に過剰要求すると、組織内の集団の業績と持続性を損ねてしまうだろう。ちょうど学者たちが共同作業を望まなくなってしまったように——。社員たちのロイヤルティにも大きな打撃を与えかねない。社員たちが昇給について、どのように考えているのかを想像してみてほしい。レイク・ウォビゴン[注1]の子どもたちと同じような人がほとんどであり、同僚たちの貢献と比べて、自分のそれは業績の上半分を占めていると信じている。それでも、やむをえず平均以下の昇給を受け入れている。

もし社員の一人が、同僚が自分より高い報酬を受け取っていると知ったら、そして自分のほうが高い報酬に値する仕事をしていると心から信じていたとしたら、悔しく思うのは当然だろう。その憤りのせいで、士気や業績が下がってしまう人もいるだろう。最悪の場合、自分の貢献を認めない組織を去る社員も出てくるかもしれない。

利害の対立

利害が対立すると、不正行為が故意に引き起こされる可能性があることを、誰もが承知している。ただし、故意ではない場合でも、意思決定が大いに歪められてしまうことがある。数多くの心理学の実験はこのことを証明している。(注2)これらの実験が示唆するのは次のようなことだ。このような利害対立のために、正直で倫理観を持ち合わせた役職者であるにもかかわらず、知らずしらずに健全ではない倫理にもとる提言をしてしまう状況が、職場には満ちているというのだ。

たとえば、医師は患者に臨床検査を受けさせることで報酬を受け取る時、利害の対立に直面する。患者にとって最善と考えられる治療を選択していると心の底から信じている医師がほとんどのはずだ。しかし、報酬への期待が医療判断をゆがめているかもしれないと、医師自身は考えたことがあるだろうか。

同様に弁護士の多くは、クライアントが裁定あるいは調停で得た金額に基づいて弁護料を得ている。訴訟に持ち込むと高くつくばかり、結果も不確実であるため、示談に持ち込むことが弁護士にとってはしばしば魅力的な選択肢となる。場合によっては、示談こそ最善の選択肢であると心底信じているかもしれない。しかし、どうだろう、弁護士はこのような状況下で一〇〇%客観的に判断できるのか、また偏見のない判断を下せるのか。

証券会社のアナリストに実施した調査では、利害の対立が無意識下でどのように意思決定をねじ曲げてしまうのかが明らかにされた。金融調査サービスを提供するファースト・コールによれば、ナスダックが六〇%下落した二〇〇〇年に、何と証券会社のアナリストの九九%が、顧客に「買い」「強気の買い」、あるいは「そのまま保有する」とアドバイスしていたことが判明した。

現実とアドバイスとの間に存在する矛盾を、いったいどのように説明すればよいのだろうか。この答えは、利害の対立を助長する組織体制に見出せるかもしれない。

アナリストの給与の一部は証券会社の売上げと連動している。またボーナスも、アナリストが顧客から引き出すことで得られた業務量に連動している、つまり、アナリストが顧客との関係を長続きさせ、発展させることにインセンティブを与えているのだ。しかし、ナスダックの暴落の最中、証券会社のアナリストすべてがみずから腐敗し、このようなインセンティブを得ようと顧客を食い物にしていたと思い込むのは、あまりに早計である。

たしかに不正を働いた者はいた。しかし、アナリストの大半が、自分たちのアドバイスは健全で、顧客の利益を最優先に考えたものだったと信じていたとしたら、どうだろう。アナリストの多くが認識していなかったのは、インセンティブシステムには利害の対立を助長する部分があったため、自分たちのアドバイスの裏に潜在的偏見が隠れていたことがわからなかったことである。

努力だけでは足りない

金融スキャンダルや破産によって、次々と企業が消滅している中、マネジャーに倫理教育を施すことで、これに対処しようという動きが見られる。また、世界中の名門ビジネススクールでも同様の講座が新設されたり、倫理学における教授職が設けられたりしている。これらの取り組みの多くが、道徳学における広義の行動指針に関する授業に焦点を当てており、マネジャーが直面する倫理問題を理解しやすいように教えている。

これらには賛辞を惜しまないが、「善意の下、一生懸命に努力すれば大丈夫である」というアプローチでは、経営陣の意思決定の質を抜本的に改善できるかどうかは心もとない。

改善を図るには、人間の心の働きについて現在明らかになっていることを、この種の倫理教育に盛り込むことで内容の幅を広げ、偏った意思決定の根底にある無意識の思考プロセスをマネジャーに体験させるべきだ。同時に、間違った意思決定に導く偏見を根絶やしにするための訓練とコーチングの場を設けなければならない。マネジャーが潜在的偏見に注意を向けるようになれば、倫理に則った賢明な意思決定を下すことが可能になる。とはいえ、どうすれば自覚していない領域へと導くことができるだろうか。

それは、意識的に立ち向かうだけの知性を備えることで解決できる。整備不良の自動車を運転していれば、その影響を受けないように慎重になるだろう。それと同じで、マネジャーも戦略を立案する際、自分の潜在的偏見の影響を弱めるように意識することは可能なはずだ。

必要なのは「用心する心」である。つまり、意図された進行から外れた意思決定を下してしまう原因についてたえず自覚する、さらにそれらに流されないように調整を怠らないことが大切なのだ。調整する際、三種類の活動が求められる。すなわち「データの収集」「環境の整備」、それに「意思決定プロセスの拡大」である。

❶データの収集

潜在的偏見を顕在化させる第一歩がデータの収集だ。得られたデータがまったく自分の予想に反した内容であることはよくある。

IATのおかげで、自分に性差別や人種差別の気持ちが存在していることを知った場合、その驚きようについてよく考えてみてほしい。なぜ驚くのだろうか。それは、たいていの人が自分の直感が提供する「統計資料」を信じて疑わないからである。

信頼性の高いデータを収集するのは簡単だが、これを収集しようと試みられることはめったにない。このような信頼性の高いデータを集めるには、みずからの意思決定を体系的に考察してみるのも一策だろう。

自分が属するスタディグループ内で、自分の貢献度を過大評価し、最終的な貢献度の合計が平均一三九％に達したMBAたちのことを思い出してほしい。調査担当者が各メンバーに、自分の貢献度を評価する前に、他のメンバーの貢献度を評価するように頼んだところ、その合計は一二一％に下がった。過大評価の傾向は依然残るとはいえ、それでも作業の中身を知ることで、偏見の度合いは低下した。

「自分は他人が評価する以上の高い評価に値する」と誰もが思っている環境では、チームメンバーが自分自身の分け前を要求する際に、他のメンバーの貢献度についてはっきりさせるとよかろう。こうすることによってのみ、自己評価する際、実態により近い貢献度に調整される。

この例が示すように、このような個人と集団両方の意思決定プロセスについて体系的に審査することは、決定が下されている最中でさえ実行可能である。その中身を知ることは簡単であり、マネジャーは自分の要求の公平さを確認するためにこのアプローチを日常的に用いるべきだ。しかも、チームメンバーや部下が過剰要求するかもしれないといった状況にも、このアプローチは応用できる。

たとえば、社員が不十分と感じている昇給について説明する際、マネジャーは部下に部下自身の仕事ぶりについてどのように考えているのか、尋ねるべきではない。むしろ、部下に同僚一人ひとりの貢献度と昇給に使える資金配分を考慮させたうえで、本人が適切だと考える昇給額を聞くのだ。

同様に、もし誰かがチーム内で他人の何倍も働いていると考えていたら、その人に自分の働きぶりを振り返る前に、ほかの人々のそれについて考えてみるよう促す。これは現実を正しく認識する一助ともなれば、またロイヤルティもそのまま維持され、しかもゆがんだ権利意識を是正できるだろう。

ＩＡＴを受けてもらうのも、データ収集には貴重な戦略となる。社内の全員にこのテストを自分自身の潜在的偏見を認識するために利用することをお勧めしたい。ただ一言、警告しておこう。この方法は教育目的でつくられたものであるため、調査ツールにすぎない。選抜や評価のツールではない。またテスト結果はプライベートな情報として扱うことは絶対条件である。

いずれにしても、自分の偏見の大きさと根深さを知ることで、どの分野でも注意深く吟味し、熟慮しなければならないことがわかる。意思決定の際にも、その分野に注意を向けられるようになる。テストの結果、たとえば、あるマネジャーが特定の種類のグループに偏った意識を持っているとわかった場合、過去の採用実績について遡り、このグループと他のグループに不公平がなかったか、調べる必要がある。あまりに多くの人がこのような偏見を抱いているため、その存在が明らかになる。ただし、潜在的偏見があるとわかってさえいれば、意思決定の際、そのやり方を変える根拠として利用できるだろう。

重要なのは、自己満足と怠惰を正当化するような偏見がはびこるのを防ぐことだ。このような状況が許されているのは、適切であるという証ではけっしてない。近視眼があまりにも一般的であるから、矯正レンズが必要ないと考えるのは間違っている。それと同じことだ。

❷環境を整える

研究によれば、潜在的な思考は外的要因によって形成されることがあるという。たとえば、カリフォルニア大学ロサンゼルス校のカーティス・ハーディンたちは、もし実験の担当者がアフリカ系米国人の場合、人種にまつわる被験者の潜在的偏見が影響を及ぼすかどうかを調べるためにIATを利用した。

彼らは被験者の学生たちを二つのグループに分け、片方は白人担当者の監督の下で、もう一方はアフリカ系米国人の下で実験を受けた。ハーディンらは、アフリカ系米国人の担当者がそこに姿を現しただけで、被験者のIAT上における潜在的な差別感情の度合いが下がったことを発見した。数多くの類似した研究によって、他の社会集団にも同じような影響が見られたことが報告されている。

この変化をどのように説明すればよいのだろうか。教室における実験担当者には有能で責任感があり、なおかつ信頼できるというイメージがあるからではないかと推測できる。アフリカ系米国人に監督された被験者たちは、このような肯定的な要素をその担当者にそのまま当てはめ、そしておそらく担当者の属する集団全体にも当てはめたのだろう。

潜在的偏見に陥らないようにする一策として、固定観念に基づいたイメージや社会環境に身をさらしてみるというのが、この研究でわかった。

ある判事は、勤務する裁判所がアフリカ系米国人の住民が圧倒的に多い地区にある。その地域社会における犯罪と逮捕は決まり切った構図になっており、それゆえ判決を受ける人のほとんどがアフリカ系米国人だ。この判事はパラドックスに直面した。法廷で客観的で平等であることを宣誓し、もちろん自分の判断は偏っていないと心から信じていた。しかしその一方で、アフリカ系米国人と犯罪を結び付けて連想してしまうことを強化するような環境に身を置いていたのである。

自分では人種に関する固定観念を意識して拒否していたとはいえ、この判事は隔離された世界で働いているというだけで、自分が無意識に偏見を抱くようになっているのではないかとみずからを疑った。毎日この環境に埋もれて生活していると、被告に公平な尋問をできるのだろうかといぶかった。

自分が置かれた環境によって偏見が強まっていく状況に流されないために、この判事は別の環境をつくり出した。仲間の判事の担当する近隣の地区は主に白人の犯罪者が裁かれており、休暇の週となれば、そこに出かけて過ごすことにしたのである。アフリカ系米国人が犯罪者で白人は法を遵守するといった固定観念を打ち破るような事例が次から次へと続き、その判事はひょっとして抱いていたかもしれないアフリカ系米国人への偏見を正すよう、みずからに仕向けたのである。

職場環境によって助長されるかもしれない、偏見を秘めた連想について考えてほしい。たとえば、同じタイプばかりのやり手ばかりの写真が飾された「名声の壁」はないだろうか。相も変わらず同じ種類のマネジャーが昇進してはいないだろうか。紋切り型の、あるいは狭い範囲の知識、たとえばスポーツや料理用語を頻繁にアナロジーとして使ってはいないだろうか。組織を監査すれば、このようなパターンや氷山の一角を見つけ出すこともできる。故意にではないにしろ、これらがお決まりの連想へと導いている。

もし監査によって、職場が潜在的偏見に満ちた、あるいは倫理にもとるような行動を助長しているとわかったならば、先の判事のように、これらを相殺するような経験を与えることを一考してみる。

たとえば、所属部門で男性への固定観念、つまりヒエラルキーにおいて男性が支配的な存在であるのが当然であるという考え方——別の言い方をすれば、マネジャーの大半は男性であり、アシスタントのほとんどは女性であるべきだとする考え方——が幅を利かせていたら、女性がリーダーシップを握っている部門を見つけて、シャドープログラム（間接的に教育するプログラム）を実施する。

双方がベストプラクティスを交換することで、お互いが恩恵にあずかることになる。あなたの組織は反対の固定観念を示す一方、それとは気づかないうちに、相手の固定関係にさらされることになる。

したがって、たとえば業務改善の手段として、部下を顧客の組織で働かせる場合、自社で幅を利かせている固定観念に対抗するような組織を選択すべきである。

❸意思決定の幅を広げる

あなたが会議の席上、特定の社員だけが恩恵に浴するような方針を決定しようとしているところを想像してみてほしい。

たとえば、この方針によって全社員に特別休暇が与えられることになったが、その代わりにフレックスタイム制は撤廃されるかもしれない。しかし、フレックスタイム制のおかげで、子どもが生まれたばかりの社員は家庭と仕事を両立することができた。また別の方針は、強制的に定年退職年齢を引き下げるものとしよう。そうなると、その年より上の社員は切り捨てられることになるが、若い社員には早期退職の機会を提供することになるかもしれない。

さて、あなた自身が決断を下すと仮定して、自分がどのグループに属するのか、はっきりしないことにしてみよう。つまり、自分が年配なのか若いのか、既婚なのか独身なのか、同性愛者なのか非同性愛者なのか、子どもがいるのかいないのか、男性なのか女性なのか、健康なのか不健康なのかといったことを知らないと仮定するのだ。結局、決断を下してからでなければ、あなたは何もわからない。

この架空のシナリオにおいて、どのような意思決定を下すだろうか。自分の決定によって不利益を被るようなグループに身を置くリスクをみずからすすんで冒すだろうか。もし自分とは異なるアイデンティティをさまざまに身にまとうことができるならば、意思決定はどのように変わるだろうか。哲学者ジョン・ロールズは、自分のアイデンティティを知らない者だけが真に倫理的な決定を下すことができると断定しており、これを「無知のベール」(注3)と呼んでいる。この実験はこの概念に由来している。

みずからを完璧にベールで覆うことのできる人はめったにいない。だからこそ、隠された偏見を――たとえ認識することができたとしても――完全に矯正することは極めて難しい。それでも、次に下す経営上の意思決定に無知のベールをかけてみると、潜在的偏見にどれくらい強く自分が影響を受けているのか、多少なりとも洞察が得られよう。

マネジャーが直感に基づいて行動する前に、データを収集することでおのれの潜在的偏見を顕在化させられるように、ほかにも予防手段がある。研修プログラムに誰を派遣するのか。新しい職務に誰を推薦するのか。あるいは出世が約束されているポストに誰を任命するのか。これらについて考える時、あなたはどのような人物をまず思い浮かべていくだろうか。

我々の大半が、それほど深く考えもせず、瞬時に「これだ」という人物を思い浮かべる。しかし、肝に銘じておいてほしい。あなたの直感は、潜在的偏見(有力で人気の高いグループを強く好むという偏向)、仲間内へのえこひいき(自分が属するグループにいる人に有利に計らう)、そして利害の対立(自分の利益に影響を与える立場の人の利益になるよう働く)に左右されるということを。

人事に関する決定を下す際、頭の中にある候補者名簿に頼るのではなく、該当する能力を持ち合わせている社員全員の一覧表を作成することから始めることだ。

さまざまな社員について網羅されたリストを利用することには、いくつかの利点がある。はっきりしているのは、このリストが作成されていなければ、おそらく見落とされていたであろう人材が浮上してくるかもしれないという点である。

また、意識的に固定観念を覆すような選択肢を考慮に入れるだけでも、潜在的偏見を弱める効果が得られる場合がある。ただしこれは、等しく重要とはいえ、それほどはっきりとしたメリットとは言いがたい。実際、固定観念に反する仮のシナリオ、たとえば、複雑なプレゼンテーションを女性の同僚を信頼して任せるとどうなるのか、アフリカ系米国人の上司から昇進の決定を知らされるとどうなるのかといったことを頭の中で思い描くだけで、偏見の度合いは下がり、より倫理的な意思決定を促すことができる。

同様に、利害の対立に直面した際、あるいは過剰要求したくなる場面に遭遇した時、意識的に直感に逆らった選択肢を考えてみると、より客観的で倫理的な決定を引き出すことが可能だ。

偏見を自覚できる人が偏見を克服できる

本稿の冒頭に掲げた質問に「イエス」と答えていたならば、あなたはある程度は確信をもって、自分が倫理的に行動する意思決定者であると信じていたからである。

ではここまで読んできて、どのように感じているだろうか。単純な確信や誠実な意思があるだけでは、あなたが頭の中で自分がそうだと描いているような倫理の実践者である保証とはならない。

倫理的に振る舞おうとするマネジャーは、自分にはいつも偏見とは無縁であるという思い込みに挑まなければならない。また、このようなマネジャーの決定的な特徴は、善意に満ちているだけではなく、警戒心も持ち合わせていることであり、これをみずから認めなければならない。そして、活発にデータを収集し、環境を整え、意思決定の幅を広げなければならない。そのうえ、明確な改善手段を準備する必要がある。

マネジャーはあらゆる機会を通じて、潜在的偏見を是正する対策を講じるべきである。それは、過去において特定のグループへの誤った処遇のためではなく、筆者らが本稿で立証した、善良で善意に満ちた人々の日常生活に内在している、ごくありふれた過ちのためにだ。

皮肉なことだが、倫理にもとる行動をやりかねないと自覚している人だけが、みずから切望する倫理的な意思決定者になることができる。

あなたは「偏見はない」と言い切れるか

あなたは、欧州系米国人とアフリカ系米国人を同等に見ていると、はたして断言できるだろうか。また、これが女性と男性の場合ならば、どうだろう。あるいは老人と若者の場合はどうか。答える前に考え直してほしい。(注4)注4に掲げたサイトで「IAT」(潜在的自己観測定)が利用できる。この測定では、肯定的あるいは否定的な意味合いを含んだ言葉と、さまざまなタイプの人間を表現したイメージとを瞬時に結び付けるよう要求される。

これらのサイトの検査はいろいろあるが、これを受けると、異なる人種に属する人々、性的指向、あるいは肉体的特徴への受験者の意識的かつ無意識的な考え方の違いが明確になる、もしくは整理される。

二五〇万回を超すオンライン検査で収集されたデータとさらなる詳細な調査で、無意識に潜む偏見についてわかったことを紹介したい。

広く蔓延している

受験者の少なくとも七五%が、若者、金持ち、そして白人に対して、好意的な潜在的偏見を示した。

なかなか払拭できない

単に「偏見を抱くことを望まない」と願うだけでは、潜在的偏見を排除するには至らない。

心構えがあっても、それに反する

アフリカ系米国人、アラブ人、アラブ系米国人、ユダヤ人、同性愛者の男性や女性、あるいは低所得者に対して、ほとんど、あるいはまったく意識的な偏見は持ち合わせていない傾向にある。それでも潜在意識を測定してみると、かなり深い偏見に囚われているとわかる。

所属する集団によって偏見の程度に差がある

少数派に属している人は、多数派に属している人が見せるほど、自分の集団に対して潜在的優先志向を見せない傾向がある。たとえば、アフリカ系米国人は表面的に、自分の所属する集団への優先志向が強いが、実は潜在的優先志向は検査すると比較的緩やかという結果が出る。これに反して、白人の米国人は、表面上は属する集団に低い偏向しか報告されないが、潜在的偏向は高い傾向にある。

必然的に起こる

IATで高い偏見度を示した人は、その行動でも同様の態度を示す傾向がある。偏見を感じている集団に属する人とじかに接する時や、採用の決定に際して選択肢が偏ることがある。

高くつく

筆者の研究室で現在実施中の調査によると、潜在的偏見は「固定観念税」を生み出す。つまり、折衝者はテーブルに金を置いていかなければならない。なぜなら、対抗者について知り、その結果、互いにとって有益な裁定取引を通じて付加価値を生み出す機会を、偏見のせいで逸することになるからだ。

【注】

(1)レイク・ウォビゴンとは、ガリソン・ケイラーの小説『レイク・ウォビゴンの人々』に登場する架空の町。この町の住人は、女性は強く、男性はかっこよく、子どもは平均以上の学力に恵まれているという。この小説にちなんで、何らかの意識調査においてその対象者のほとんど全員が「自分は平均以上」という認識を持っていることにより、実際の結果と矛盾する現象を「レイク・ウォビゴン効果」という。

(2)“Why Good Accountants Do Bad Audits,” HBR, November 2002.(未訳)

(3)「誰も社会における自分の境遇や階級、社会的身分を知らないだけでなく、親から受け取る資産や生まれ付きの能力、知性、体力その他の配分が、自分の場合、どれくらい恵まれているのかを知らされていない」という主張。ロールズの著書『正義論』の中で展開された。

(4)自分の無意識下での考え方を調べるには、以下のウェブサイトを利用されたい。https://implicit.harvard.edu

第8章

意思決定プロセスのカイゼン

バブソン大学 教授
トーマス H. ダベンポート

"Make Better Decisions"
Harvard Business Review, November 2009.
邦訳「意思決定プロセスのカイゼン」
『DIAMONDハーバード・ビジネス・レビュー』2010年3月号

トーマス H. ダベンポート
(Thomas H. Davenport)
マサチューセッツ州ウェルズリーにあるバブソン大学教授。専門はITマネジメント、経営管理論。主な共著書に*Competing on Analytics：The New Science of Winning*, Harvard Business School Press, 2007.（邦訳『分析力を武器とする企業』日経BP社、2008年）、*Working Knowledge; How Organizations Manage What They Know*, Harvard Business School Press, 1997（邦訳『ワーキング・ナレッジ』生産性出版、2000年）。Jeanne G. Harris と Robert Morison との共著*Analytics at Work：Smarter Decisions, Better Results*, Harvard Business Press（『分析力を駆使する企業』日経BP社、2011年）。

意思決定のミスはなぜ起こるのか

ここ数年だけでも、政財界における誤った意思決定は膨大な数に上る。たとえば、イラクに侵攻したこと、地球温暖化に関する協定を批准しなかったこと、スーダンのダルフール(注1)を見捨てたことなど、枚挙に暇がない。これらの意思決定はすべて、愚かな行為として、のちの歴史に記されることだろう。また、サブプライムローン（住宅ローン担保証券に証券化された派生金融商品）への投資や、クレジット・デフォルト・スワップ（CDS：債権を直接移転することなく信用リスクのみを移転できるクレジット・デリバティブの一種）によるリスクヘッジなどはどうだろう。これらは多くの企業に購入されたが、皆、誤った意思決定を下したといえる。

かつて巨大コングロマリットだったテネコは、事業買収の際に判断を誤り、いまでは自動車部品事業しか残っていない。ゼネラルモーターズは、どの自動車を製品化すべきかを見誤るという最悪の判断ミスを犯した。タイム・ワーナーがAOLを買収したこと、またヤフーがマイクロソフトへの身売りを拒否したこともしかりである。

このような意思決定障害がなぜ起こるのか。

第一に、意思決定は一般的に、個人の権限、通常は経営陣に委ねられていることが一因である。意思決定プロセス、利用する情報、根拠とする論理は、これら経営陣次第である。要はブラックボックスなのだ。情報を入れると、決定事項が出てくる。中で何が起きているのかはわからない。

第二に、他のビジネスプロセスとは異なり、組織内において、意思決定が体系的に分析されることはほとんどなかった。実際、意思決定を「リエンジニアリング」してきた組織は稀である。意思決定には、他の多くのプロセスと同様に、大きな改善の余地があるといえる。

長い間重宝されてきた知もある。たとえば、学者たちは半世紀以上前に、「グループシンク（注2）」という強制的な合意形成の存在を明らかにした。これは、ホワイトハウスから企業の役員室に至るまで、いまだに意思決定者たちを悩ませている。

また一六世紀、カトリック教会は列聖（聖人の地位を授けること）に関する決定を審査する「列聖調査審問検事（デビルズ・アドボケート）」（あえて異議を唱える存在）という制度を確立した。しかし今日、代替案を擁護する仕組みを制度化している組織はほとんどない。

近年ベストセラーになったビジネス書には、さまざまな新しい意思決定手法が紹介されている（**章末**「新しい意思決定に関する主要文献」を参照）。しかし、これらの書籍はビジネスマンたちに購読されているにもかかわらず、その勧めに従っている企業はほとんどない。

このような無関心のせいで、ついにはこれまでにない深刻な状況が招かれつつある。属人的で個人の性癖に左右される意思決定を排することが時代の要請である。したがって、より優れた意思決定プロセスが導入されなければならない。プロセスの改善が意思決定の改善を保証するわけではないが、その可能性は高まる。

意思決定を改善する四つのステップ

意思決定に焦点を当てるといっても、必ずしもマネジャーの思考プロセスだけを吟味する必要はない。とはいえ、ブラックボックスの中を見てみる価値はもちろんある。それは、意思決定に影響を及ぼす要素、たとえば、下すべき意思決定、提供される情報、プロセスにおいてカギを握る要因などを特定することを意味する。賢い組織では、技術、情報、意思決定の構造、手法や人材の見直しなど、多面的に介入している。

次に紹介する四つのステップを踏むことで、意思決定を改善することが可能になる。

❶特定

意思決定しなければならない事項をリストアップし、その中で最も重要なものを決めることから始めるべきである。

たとえば、「戦略を実行するうえで不可欠な意思決定上位一〇項目」や、「財務目標を達成するうえで抜かりなく進めなければならない意思決定上位一〇項目」といった具合である。「どの企業を買収すれば、必要な市場シェアを確保できるか」など、頻度の少ない高次元の戦略的意思決定もあれば、「補償額をどのように設定すべきか」など、現場で下される日常的な判断もある。

したがって、優先順位を決めなければ、すべての意思決定が同列に扱われることになる。また、重要な意思決定が、しかるべき配慮を持って分析されないことにもなりうる。

❷棚卸し

重要な意思決定は何かを特定したら、次はそれを構成している要素を検証すべきである。意思決定において、誰が、どのような役割を果たしているのか。どれくらいの頻度か。意思決定を支援する利用可能な情報は何か。意思決定は通常、どれくらい効率的に下されているか。

これらを検証することで、改善が必要な意思決定はどれか、意思決定をより効果的にするプロセスはどのようなものかについて理解が深まる。同時に、意思決定を検証するための共通言語が確立される。

❸介入

意思決定事項を絞り込んでリスト化し、個々の意思決定を左右する要素を検証したならば、意思決定を下すうえで必要な役割やプロセス、システムを設計したり、不可欠な行動を定義したりできる。

意思決定に効果的に介入するには、広範かつ包括的なアプローチがカギとなる。それは、あらゆる改善手法について検討し、意思決定の全プロセス——見過ごされがちだが、ここには意思決定の実行も含まれる——に取り組むことである。

❹制度化

マネジャーには、「どのように意思決定するのかを決める」ツールや支援を継続的に提供する必要がある。エアプロダクツ・アンド・ケミカルズでは、一人で意思決定すべきか、チームに相談したうえでみずから下すべきか、多数決によってグループで決めるべきか、あるいはチーム全体の総意によって決めるべきかを判断できるように、マネジャーたちに研修を実施している。加えて、意思決定の責任者は誰か、アカウンタビリティを負うのは誰か、そして誰に相談し報告すべきかも決めている。

より優れた意思決定プロセスの制度化に真剣に取り組んでいる企業の大半が、専門家の力を借りて、経営陣と一緒にこのプロセスの改善に取り組んでいる。シェブロンには、意思決定分析グループがあり、ここのメンバーたちは、次のような取り組みを行っている。

- 意思決定のフレームワークをつくるワークショップを主宰し、指導する。
- 分析するデータを収集する。
- 経済モデルと分析モデルを構築・改良する。
- プロジェクトマネジャーや意思決定者が分析結果を解釈するに当たり、これをサポートする。
- 追加情報やさらなる分析によって意思決定が改善できる場合、そのことを指摘する。
- 意思決定の質を評価する。
- 意思決定者のコーチとなる。

同グループは、二日間のワークショップで、これまで二五〇〇人を超える意思決定者を教育し、eラーニングを通じて一万人のマネジャーを「意思決定者としての資格あり」と認定してきた。シェブロンでは、大手石油会社にはよくある大規模な設備投資プロジェクトはすべて、体系的な意思決定分析に負っている。

これら四つのステップを導入した場合、事後に意思決定の質について評価すべきである。事業の業績――これは社内政治や運に左右されることがある――だけでなく、意思決定プロセスやマネジャーが拠りどころとした情報についても評価すべきだろう。シェブロンでは、重大な意思決定について定期的に振り返り、結果だけでなく、より優れた意思決定プロセスを実施できたか、不確実性に対処できたかについても評価している。以下では、どのように意思決定を改善するのか、二つの企業例に注目してみたい。

新商品開発の意思決定を改善する

エデュケーショナル・テスティング・サービス（ＥＴＳ）は、ＳＡＴ（大学進学適性試験）、ＧＲＥ（大学院入学適性試験）、ＴＯＥＦＬ、ＡＰ（高校生向けに提供される大学水準のカリキュラムと試験）など、世界的に知られるテストを開発し、その運営・実施を行っている。

社長兼ＣＥＯのカート・ランドグラフは二〇〇七年、ＥＴＳが今後の競争でも勝ち残るには、新しい製品やサービスの開発に関する意思決定を迅速化し、かつ改善する必要があると思い至った。

ＥＴＳはそれまで、「ステージゲートプロセス」(注3)に従って新規企画を評価してきたが、同社はマトリックス組織のため、意思決定責任が分散してしまい、このプロセスはあまり適当ではなかった。

そこでランドグラフは、戦略人材ソリューション部門のバイスプレジデントであるＴ・Ｊ・エリオットと、技術移転担当アソシエートバイスプレジデントのマリサ・ファーナムに、現行の意思決定プロセスを検証するチームを立ち上げるよう、指示を出した。その結果、いくつか構造的な問題が明らかになった。

まず、意思決定者が、知的所有権、ビジネスパートナー、サイクルタイム、新製品の対象市場に関する情報を把握していないことが多かった。次に、意思決定する際の役割分担が曖昧で、またプロセスの構造がはっきりしていなかった。

エリオットとファーナム率いるチームは、はっきりとした根拠に基づいて意思決定することを目標に、新たなプロセスを開発した。たとえば、新規企画に関する判断を下すために中央集権的な審議会を新たに設置したり、企画を評価する基準や関連情報を必要とする企画書の書式を作成したり、新規企画がＥＴＳの戦略や市場需要と一致するという有力な証拠に関する基準を設けた。

このプロセスを運用し始めて一年八カ月が経ったが、大きな改善があったと評価されている。新商品の上市に関して、明らかに判断ミスが減っている。とはいえ審議会は、優れた商品をもっと生み出すには、より早い段階から企画を温めなければならないことを実感した。そして最近、改訂版や新製品を評価して優先順位を決めることも、その対象領域に含まれるようになった。

価格の意思決定を改善する

建設用・工業用・保守用の工具メーカー、スタンレーワークスは二〇〇三年、「プライシング・センター・オブ・エクセレンス」（COE）を立ち上げた。

同社はすでに、オペレーションの継続的改善に向けた全社プロジェクト「スタンレー・フルフィルメント・システム」（SFS）の旗印の下、プライシング、売上げ、オペレーションプランニング、フルフィルメントプロセス、そしてリーン生産方式に関するKFS（成功要因）など、意思決定プロセスそのものを改善すべき領域を特定していた。

これらすべての領域において重要な情報が存在するため、それぞれについてCOEを設置した。プライシングCOEを置いたことで、価格決定、データ、分析ツールに関する知識のみならず、スタンレーの各事業部に入っているコンサルティング会社やソフトウェア会社のプライシング専門家との結び付きが深まった。

なお同COEは、ディレクター、事業部付きの社内コンサルタント、そしてITやデータマイニングの専門家らによって運営されている。

事業部のプライシングに関する意思決定と実行に、プライシングCOEはさまざまな形で介入する。

同COEはこれまで、さまざまなプライシング手法を開発しており、現在は価格最適化アプローチに注力している。

また、プライシングの責任を事業部長に負わせるように提言している。粗利益率を決定する定例会議を各事業部と持つことで、成功を分かち合い、また失敗を検証している。

この会合には、会長兼CEOのジョン・ランドグレンやCOOのジェームズ・ローリーも頻繁に参加する。プライシングの成果は、人事評価と給与査定に反映される。競合他社の価格データの収集・分析では、外部サプライヤーの力を借りている。また同COEは、販促イベントの承認プロセスなどの意思決定を自動化する手法の開発を後押ししたり、顧客の売上データを分析する「ホワイトスペース分析」を用いて収益増の可能性を探したりしている。

さらに、事業部向けにプライシングの手法に関する研修を実施したり、プロジェクトの立ち上げに参加したり、コーチングやメンタリングを提供したり、またプライシングにおける新しいアイデアや成功事例を広めている。

プライシングCOEの功績は大であった。スタンレーの粗利益率は、六年間で三三・九%から四〇%超に拡大し、時価総額は二億ドル超増加した。スタンレーの事業改革ならびにITシステム担当シニアバイスプレジデントのヒューバート・デイビスはこう述べる。「プライシングの意思決定を、データと分析ツールだけで改善しようとしましたが、うまくいきませんでした。COEを置いたことで、まさしく改善が始まりました」

多角的な視点が意思決定を改善する

意思決定プロセスを改善するうえで、分析と意思決定の自動化は最も強力なツールである。戦略と戦術の両面で分析を取り入れ、分析力をフル活用して競争戦略を構築し、データと分析に基づいて意思決定を下している企業が増えている。(注4)

分析を自動化システムに組み込めば、なおいっそう効果的である。多数の意思決定をリアルタイムかつ同時並行で下せるからである。実際、米国の住宅ローンや保険契約では、意思決定の自動化が当たり前になっている。とはいえ、このような手法の一つがおかしくなると、ビジネスに深刻なダメージをもたらしかねない。自動化システムによってローンや保険契約で判断ミスが生じれば、その損失は計り知れない。リスクの高いサブプライムローンを大量に証券化した銀行が典型である。

要するに、このような意思決定ツールには、人間の勘と判断によって補い、バランスを図ることが欠かせない。その際、やるべきことは以下の通りである。

経営陣が理解できない分析モデルを事業に組み入れない

分析モデルの効果を引き出すには、言うまでもなく、経営陣が定量分析に強くなければならない。エール大学の経済学者ロバート・J・シラーは『マッキンゼー・クオータリー』二〇〇九年四月号のインタビュー(注5)の中で、次のように述べている。

「企業経営に携わっているならば、数字に強くなければいけません。細かい数字が非常に重要だからです」

前提条件を明確にする

あらゆる分析モデルに前提条件がある。たとえば、「当面、住宅価格は上昇し続けるだろう」、あるいは「融資の貸倒償却率は、過去一〇年間と同水準に留まるだろう」といったものだ（ここに来て、どちらの前提も信用できないことが判明している）。何を前提としているかを知ることで、どのような場合、分析モデルの意思決定が狂うのかがわかる。

「モデルマネジメント」を実践する

モデルマネジメントとは、社内で使われている各モデルについて追跡調査し、特定の変数を分析あるいは予測するに当たり、これらのモデルが有効に機能しているかどうかを調べることである。キャピタル・ワン・フィナンシャルは、早くからモデルマネジメントを導入し、さまざまな分析モデルを用いてマーケティングとオペレーションを支援している。

人的なバックアップ体制を充実させる

人間による意思決定の代わりとして、意思決定の自動化システムが利用されることが少なくない。しかし、人間の判断に勝てないこともある。したがって、意思決定の基準を適宜見直すために専門家の力を借りる、あるいは自動化アルゴリズムを更新すべき時期を見極めることが必要である。

また、一部の意思決定手法が利用できない場合を知っておくことも重要である。たとえば、即断即決が求められる場合、分析はあまり役に立たない。定量モデルは、ほとんど例外なく、たとえ将来予測に使われるものであっても、過去のデータに基づいているからである。もし、経験や勘から、過去のデータでは現在や未来の参考にならないと思えば、別の意思決定ツールを使うか、少なくとも新しいデータや分析が必要になるはずである（**図表8**「意思決定の新しいトレンド」を参照）。

＊　＊　＊

他の事業活動同様、体系的な評価なくして意思決定は改善しない。最も重要な意思決定は何か、これがわからないと、どこから手をつければよいのかもはっきりしない。内部の意思決定プロセスがわからなければ、これを変更することはできない。そして、変更の結果を評価しなければ、優れた意思決定は導き出せない。

まず意思決定に注目することが第一歩である。これをなおざりにすると、正しい意思決定を下せるかどうかは、つまるところ運頼みになりかねない。

Neuroscience 神経科学	Behavioral Economics 行動経済学	Intuition 直感	Wisdom of Crowds 集合知
意思決定をつかさどる脳の研究に学ぶ。	行動と思考に関する経済学の研究成果を意思決定に応用する。	勘や経験に頼って意思決定を下す。	アンケートや市場調査を利用し、大規模なグループの意見に基づいて意思決定する。
●意思決定者には感情脳を用いるべき時がわかる。 ●合理脳をより効果的に利用する訓練になる。	●非合理性が存在する領域や先入観が明らかになる。 ●意思決定を特定方向に導くことができる。	●簡単で、データは不要である。 ●選択肢の比較には潜在意識が効果的に働く。	●その問題に明るい人たちは真実を知っている。 ●大勢の意見に基づく意思決定は正確である。
●個人的な意思決定が過大評価される可能性がある。 ●脳についてはまだ十分に解明されていない。	●この分野の発見はまだ漠然としている。 ●状況や言葉使いによって意思決定をコントロールできる。	●最も正確性に欠ける手法の典型といえる。 ●状況によって意思決定者の気分が変わる場合が多い。	●グループのメンバー間において相互影響が生じない必要がある。 ●継続的に参加させることが難しい。

図表8｜**意思決定の新しいトレンド**

伝統的な意思決定手法が、技術や研究の発展によって進化している。ただし、どの手法にも長所と短所がある。

	Small-group Process スモール グループプロセス	**Analytics** 分析	**Automation** 自動化
	少人数で効果的な意思決定を下す。	データと定量分析を用いて意思決定を支援する。	意思決定上のルールとアルゴリズムを用いて、意思決定プロセスを自動化する。
長所	●不十分なまま合意する可能性は少ない。 ●責任の所在がはっきりしている。 ●さまざまな代替案について議論できる。	●正しい意思決定が導かれる可能性が高い。 ●科学的手法によって厳密さが増す。	●迅速にして正確である。 ●意思決定に関する基準がはっきりしている。
注意点	●感情的にならず合理的に議論するためのルールが必要。 ●議論した後は、全員がその意思決定に従わなければならない。	●十分なデータを収集するのは大変で、時間がかかる。 ●前提の正当性が極めて決定的に重要。	●モデルの構築が難しい。 ●意思決定に関する基準が変わる可能性もある。

新しい意思決定に関する主要文献

『第1感』マルコム・グラッドウェル著、光文社、二〇〇六年。
Malcolm Gladwell, *Blink: The Power of Thinking without Thinking*, Little, Brown and Company, 2005.
直感的な意思決定を高く評価。

『「みんなの意見」は案外正しい』ジェームズ・スロウィッキー著、角川書店、二〇〇六年。
James Surowiecki, *The Wisdom of Crowds*, Bantam Dell Publishing Group, 2004.
大人数による意思決定を推奨。

『一流のプロは「感情脳」で決断する』ジョナ・レーラー著、アスペクト、二〇〇九年。
Jonah Lehrer, *How We Decide*, Houghton Mifflin Company, 2009.
意思決定の心理学と合理性の限界について言及。

『予想どおりに不合理』ダン・アリエリー著、早川書房、二〇〇八年。
Dan Ariely, *Predictably Irrational: The Hidden Forces That Shape Our Decisions*, HarperCollins, 2008.

行動経済学と意思決定との関係について論じる。

『実践 行動経済学』リチャード・セイラー、キャス・サンスティーン著、日経BP社、二〇〇九年。
Richard Thaler and Cass Sunstein, *Nudge: Improving Decisions about Health, Wealth, and Happiness*, Yale University Press, 2008.
ワシントンで行動経済学に基づく政策について議論された際、影響を及ぼした。

『分析力を武器とする企業』トーマス・H・ダベンポート、ジェーン・G・ハリス著、日経BP社、二〇〇八年。
Thomas H. Davenport and Jeanne G. Harris, *Competing on Analytics: The New Science of Winning*, Harvard Business School Press, 2007.

『その数学が戦略を決める』イアン・エアーズ著、文藝春秋、二〇〇七年。
Ian Ayres, *Super Crunchers: Why Thinking-by-Numbers Is the New Way to Be Smart*, Bantam, 2007.
右記二冊は、分析的な意思決定かつ意思決定の自動化に関する著作。

【注】

（1）スーダン西部にある、アラブ系民族と非アラブ系民族のイスラム教徒が居住するダルフール地方における、スーダン政府軍とスーダン政府に後押しされたアラブ系「ジャンジャウィード」と、非アラブ系の反政府軍による紛争。
（2）集団浅慮（group think）。集団による意思決定において、メンバーたちが、意見を統一することにやっきになる余り、知らずしらずのうちに、さまざまな選択肢の現実的な評価や、少数意見・突飛な意見の十分な表出を妨げてしまう現象。事実に基づく検証や道徳的判断がなおざりにされるおそれがある。

（**3**）商品開発における課題解決法。多くの欧米企業で導入され、リードタイムの短縮や開発コストの削減といった効果を上げている。

（**4**）Thomas H. Davenport, "Competing on Analytic," HBR January 2006.（邦訳「分析力で勝負する企業」DHBR二〇〇六年四月号）を参照。

（**5**）"Surveying the Economic Horizon: A Conversation with Robert Shiller," *McKinsey Quarterly*, April 2009.

第9章

脳科学が解明する意思決定リスク

アシュリッジ・マネジメントセンター ディレクター
アンドリュー・キャンベル
アシュリッジ・マネジメントセンター ディレクター
ジョー・ホワイトヘッド
ダートマス大学 タックスクール・オブ・ビジネス 教授
シドニー・フィンケルスタイン

"Why Good Leaders Make Bad Decisions"
Harvard Business Review, February 2009.
邦訳「脳科学が解明する意思決定リスク」
『DIAMONDハーバード・ビジネス・レビュー』2009年7月号

アンドリュー・キャンベル
(Andrew Campbell)
アシュリッジ・マネジメントセンターのディレクター。

ジョー・ホワイトヘッド
(Jo Whitehead)
アシュリッジ・マネジメントセンターのディレクター。

左記2人の共著に *Think again: Why Good Leaders Make Bad Decisions and How to Keep it From Happening to You*, Harvard Business School Press, 2009.(未訳)がある。

シドニー・フィンケルスタイン
(Sydney Finkelstein)
ダートマス大学タックスクール・オブ・ビジネスのスティーブン・ロス記念講座教授。経営管理論を担当。

なぜ判断ミスを犯してしまうのか

意思決定は、私生活でも、また仕事の上でも、中心的な役割を果たしている。我々は日々、何らかの意思決定を下している。その中には、たわいなく、個人的で、特に気に留めもしないものもあれば、人生や生活、生き方を左右する重要なものもある。その際、当然ながら、ミスを犯すこともある。悲しいかな、頭脳明晰で責任感の強い人が正しい動機としかるべき情報を持ちながらも、極めて重要な意思決定において、救いようのないミスを犯してしまう。

ダイムラー・クライスラー（現ダイムラー）の元CEO、ユルゲン・シュレンプもその一人である。彼は社内の反対を押し切ってクライスラーとの合併を進めた。その九年後の二〇〇七年、サーベラス・キャピタル・マネジメントにクライスラー株式のほとんどを売却しなければならなくなった（二〇〇九年、残りすべてもサーベラスに放出）。

英国の大手ドラッグストアチェーンのブーツを抱えるアライアンス・ブーツのCEO、スティーブ・ラッセルは、ライバルとの差別化と成長戦略の一環として、歯科などの医療サービスを提供する新店舗を展開した。ところが、ブーツ経営陣に医療サービスに必要なスキルがなく、またこの分野は大して儲からないことがわかった。結局、この戦略を推進したラッセルは責任を取って、早々とCEOを辞任するはめになった。

国土安全保障省のHSOC（同省オペレーションセンター）のトップ、マシュー・ブロデリック准将は、ハリケーン・カトリーナでニューオリンズの堤防が決壊した場合、ジョージ・ブッシュ大統領（当時）やその他政府要人に警告するという重要な役割を担っていた。ところが、二〇〇五年八月二九日の月曜日、堤防が決壊したという報告が多数上がっていたにもかかわらず、彼は「堤防は持ちこたえているらしい」と報告した後、さっさと家路についたのだった。

これらのリーダーは皆、責任ある仕事にふさわしい人物であったにもかかわらず、すぐにも間違いとわかる判断ミスを犯している。なぜか。また、同じような過ちを犯さないためにはどうしたらよいのかがより重要である。

筆者らはこの四年間、この点について研究を重ね、ついに「意思決定の脳科学」と呼ばれる分野に到達した。

まず、意思決定が下された時点で誤っていたと思われる八三の事例について、そのデータを収集した。これらを分析した結果、「誤った意思決定は、影響力の大きい個人の判断ミスに端を発している」という結論に達した。したがって、このような判断ミスがどのように起きるのかを理解することが必要になった。以下では、判断ミスを助長する状況について解説し、このリスクを軽減するために、どのような予防策を意思決定プロセスに組み入れればよいかについて述べる。さらに、筆者らがここで述べた手法を採用した大企業二社の事例を紹介して、本稿を結ぶこととする。ただし以上について知るには、まず人間の脳ではどのように判断が導き出されるのかについて理解しておく必要がある。

判断を曇らせる原因は脳にある

人間は元来、脳の中に備わっている二つの意思決定プロセスに縛られている。人間の脳は、「パターン認識」によって現状を分析し、記憶の中にある「感情タグ」によって、それに反応あるいは無視することを決める。

どちらのプロセスも、たいてい信頼してよい。これらは人類が進化する中で得られたものの一部である。しかし特定の状況下では、どちらも失敗する。

パターン認識とは、脳の三〇もの異なる部位から発せられる情報を統合する複雑なプロセスである。見知らぬ状況に遭遇すると、人は過去の経験や判断に基づいて推論する。チェスの王者が、過去の局面を思い出し、六秒とかからず盤上を見極め、最善の一手を選ぶことができるのはこのためだ。

しかし、パターン認識が我々を間違った方向に導くこともある。一見馴染みのある状況に対処している時、自分が知らないことを脳が「知っている」と思い込んでしまうことがあるのだ。

ハリケーン・カトリーナの時のマシュー・ブロデリックに教訓を学ぶことができる。彼は、ベトナムやその他多くの軍事作戦で司令部の仕事に携わり、またＨＳＯＣのリーダーとしてこれまでの台風でも尽力してきた。このような経験から、大事件にまつわる初期報告は誤っている場合が多いことを知っていた。つまり、信頼できる筋からの「現地情報」を待ってから行動を起こすことが得策なのである。しかし不運なことに、ブロデリックは、ハリケーンが海抜下の街を直撃するという事態を経験したことがなかった。

八月二九日夜半までに、すなわちカトリーナがニューオリンズに上陸して一二時間の間に、彼は広範囲の浸水と堤防決壊の報告を一七件も受け取っていた。一方、まったく逆の情報も入っていた。陸軍工兵隊は「堤防決壊の事実はない」と報告しており、夕方のCNNニュースでは、市民たちが「嵐が過ぎ去った」と、フレンチクォーターにあるバーボンストリートでお祭り騒ぎしている姿を報じていた。

ブロデリックはそのパターン認識によって、後者の情報こそ自分の探している現地情報であると思った。それゆえその晩、帰宅する前に、翌日その事実を確かめる必要があるとはいえ、「堤防は決壊していない」という状況報告を送ったのである。

「感情タグ」とは、記憶された考えや経験に伴う感情情報に基づくプロセスである。この感情情報が脳に働きかけ、注意を払うべきか否か、どのように行動すべきか――即対応するか延期するか、戦うか逃げるかなど――について指示する。

感情を司る脳の部位が損傷を受けた場合、この感情タグがいかに重要であるかについて理解できるだろう。脳科学の研究によれば、客観的に分析する能力があったとしても、のろのろと間違った意思決定ばかり下すようになることが判明している。

感情タグもパターン認識と同じく、たいていの場合、我々が良識ある意思決定を下すうえでその一助になっている。とはいえ、これが人間を誤った方向に導くことがある。一九八〇年代初頭、ワープロ業界の最大手だったワング・ラボラトリーズ（一九九八年、オリベッティ傘下のITソリューション部門と合併し、ワング・グローバルと社名変更）を例に挙げよう。

ＰＣの出現によって自社の未来が脅かされており、そこで創業者の王安《ワン・アン》はＰＣ業界で競争できるマシンの開発に着手した。明らかにＩＢＭ-ＰＣ互換機が業界標準になりつつあったにもかかわらず、不幸なことに、彼は独自のＯＳを開発する道を選択した。

この大失策のせいで、その数年後の一九九〇年に王は他界するが、元はといえば彼のＩＢＭ嫌いが原因だった。王は若い頃、自分が発明した新技術をＩＢＭが姑息な手段で奪い取ったと恨んでいた。この感情が根強かったために、サードパーティであるマイクロソフトがプラットフォームを供給していたにもかかわらず、王はＩＢＭ製品と互換性のあるソフトウェアを開発することを拒んだのである。

人間の脳が、このような過ちを見逃したり、修正しなかったりするのはなぜか。精神作業の大半が無意識になされるというのが一番の理由である。それゆえ、意思決定に使われるデータや論理をチェックするのを難しくしている。

通常、脳のバグが見つかるのは、判断ミスが結果として現れた時だけである。信頼できる現地情報を得てから判断するというみずからの黄金律はハリケーン・カトリーナに対処するには適切でないと、ブロデリックが気づいたのは手遅れになってからだった。独自のＯＳ開発にこだわったことが間違いだったと、王が知ったのは、ワング製ＰＣが市場に受け入れられなかった後であった。

高次元で無意識の思考という問題をいっそうややこしくしているのが、意思決定にチェック・アンド・バランスが欠けていることである。我々の脳は、選択肢を並べ、目的をはっきりさせ、それぞれの目的に合う選択肢を一つずつ評価するといった具合に、教科書通りにはいかない。その代わり、人間はパターン認識を使って状況を分析し、感情タグによって反応するか否かの判断を下す。

これら二つのプロセスは、ほとんど同時に進行する。実際、心理学者のゲイリー・A・クラインの研究によると、人間の脳は結論に飛んでしまい、その他の選択肢を考えようとしないという。

しかも、みずからが最初に評価した状況判断、つまり「初期設定」を改めることがとりわけ苦手である。筆者らがアシュリッジ・ビジネススクールでよく行う演習でも、初期設定を疑うことがいかに難しいかがわかる。

ビジネスチャンスをもたらす新技術に関するケーススタディを、学生たちにやらせてみる。学生たちは、たいてい何時間も議論と作業を重ねた後に、ようやくみずからの初期設定を疑うようになり、この新技術がその企業の独占的な市場ポジションを大きく脅かすものだと気づき始める。新技術の上市が損失しか生み出さないことが財務モデルによって何度も証明されても、初期設定から逃れられず、積極的な投資を提案するグループもあるほどだ。

三つのレッドフラッグ条件

優秀なリーダーが判断ミスを犯す理由を分析しているうち、すべての事例において、三つの要因がリーダーに影響を及ぼし、感情タグを誤らせたり、間違ったパターン認識に導いたりしていることがわかった。これらの要因のことを、筆者らは「レッドフラッグ条件」と呼んでいる。

第一の、そして一番よく見られるレッドフラッグは「不適切な個人的利害」の存在である。個人的利害が入り込むと、重要な感情情報に偏見が生じ、自分が望んでいるパターンだけを認識しがちになる。研究では、医者や会計士といった高い志を持った専門的職業でさえ、個人的利害によって処方薬の判断や企業監査に偏見が入り込んでしまうことがわかっている。

第二のレッドフラッグは、最初のそれよりも馴染みが薄いかもしれないが、「ゆがんだ思い入れ」の存在である。

我々は、誰かに、あるいはどこかや何かに愛着を抱くが、このような感情的な絆がみずからの直面する状況や取るべき行動の判断に影を落とす。自分にとって思い出深い事業部門を売却しがたいという感情は、思い入れによって判断に曇りが生じた例といえる。

最後のレッドフラッグは、「判断ミスに至らしめるような記憶」の存在である。

一見現状と類似しており、しかも関連のありそうな記憶が、思考を間違った方向へと導く。このような記憶のせいで、実は異なる重要要因を見逃したり、過小評価したりしてしまう。それゆえ、ブロデリックのように、海抜下に位置する都市を台風が襲った場合、いったい何が起こるのかについて、ほとんど考えが及ばなかったということが起こりうる。

過去の経験に伴う感情タグによって、このような記憶から判断ミスに発展する危険性はいっそう高まる。過去に似たような状況で下した意思決定がうまくいっていた場合、重要な違いを見逃す可能性はいっそう高まる。

クエーカー・オーツ・カンパニー（二〇〇一年にペプシコと合併）の元会長、ウィリアム・スミスバーグにも同じことが起きた。一九九四年、彼がスナップル・ビバレッジ（現ドクターペッパー・スナップル・グループ）を買収したのは、同社の歴史の中で最も大成功を収めたゲータレードの記憶――同社は一九八三年、製造元のストークリー＝バン・キャンプを買収した――が色濃く残っていたからである。ゲータレード同様、クエーカーのマーケティングと経営手腕を持ってすれば、スナップル・ビバレッジも業績改善が見込める会社に見えた。

残念ながら、スナップルとゲータレードの共通点は表面的なものだけであることがわかり、クエーカーは価値を創造するどころか、逆に破壊してしまった。事実、スナップル・ビバレッジはスミスバーグにとって最悪の買収案件となった。

もちろん、筆者らの主張の一部は当たり前のことだ。人間には偏見があり、このような偏見を排除して意思決定を管理することが重要であると申し上げているのだから――。経験豊富なリーダーたちは、とうに実践している。

とはいえ、脳がこのように機能する以上、みずからの判断ミスを特定し、これを防止するのを当のリーダーに任せるわけにはいかないと申し上げたい。重要な意思決定には、先に述べたレッドフラッグ条件など偏見の源を特定しうる、慎重に設計された方法が必要であり、そして集団的な意思決定プロセスを強化する必要がある。

チャウドリー・ホールディングスの化粧品事業部門のトップ、リタ・チャクラが直面した状況について考えてみよう（なお、以下に登場する社名および人名もすべて架空のものである）。

彼女は消費者製品事業部門のリーダーに抜擢され、彼女の現在の右腕を自分の後釜に据えるか、外部から誰かを招聘するかを決めなければならなかった。

この意思決定において、レッドフラッグになりうる要因があるだろうか。もちろん、彼女の感情タグは当てになりそうにない。同僚への思い入れが判断を曇らせるかもしれないばかりか、引き継ぎを楽にしたいという好ましからざる個人的利害も絡んでくる可能性もある。

もちろん、そのような思い入れや個人的利害がはたしてリタにあるのかどうか、我々にはわからない。また、意思決定の大部分が無意識のものであるため、リタ自身にもわからないだろう。とはいえ、我々はもうリスクの存在を知っている。ならば、リタが判断ミスを回避するにはどうすればよいだろうか。また、彼女の上司がそれを助けるにはどうすべきだろうか。

そのシンプルな答えは、好ましからざる思い入れや個人的利害とは無縁の第三者を引き入れることである。リタの上司でもよいし、人事部長、ヘッドハンター、信頼できる同僚でもよい。その人物がリタの考え方に疑問を呈し、彼女自身の理屈に矛盾がないか再考させ、その他の選択肢を考えるよう促し、彼女にすればすっきりしない解決策でも、これを支持する。

このケースでは、幸いにもリタがレッドフラッグに気づいていたため、同僚と外部の候補者を評価するに当たっては、ヘッドハンターに頼んで、力になってもらった。最終的に、リタは社内の同僚を後任に選んだが、それは自分自身の判断に偏りがないかを確認してからのことだった。

筆者らが調査したリーダーの多くが、自分や同僚の考えがゆがんでしまう可能性を頭ではわかっていた。しかし、体系的な方法を実践している人はわずかで、その結果、多くが判断ミスを予防できずにいる。

以下では、レッドフラッグ条件のリスクを認識し、これを軽減することで、意思決定バイアスの問題にシステマチックな方法によって取り組んでいる企業例を見てみよう。

意思決定から偏見を排除する

グローバル・ケミカルという欧州の多国籍企業では、ある事業部門が業績の足を引っ張っていた。その経営陣は二度にわたって再建を約束したが、二度とも失敗だった。グループのCEOであるマーク・タイセンは、自身が考えた選択肢について優先順位をつけた。

この事業部門は、タイセンの成長戦略の柱の一つであった。そもそも同事業部は、この五年間で二件の大規模買収と四件の小規模買収によってできている。二つの大型案件をまとめ上げたのがタイセンであり、現在の経営陣を任命したが、彼ら彼女らは業績を改善できずにいた。

取締役会の会長であるオラフ・グランウェルドは、この業績不振部門についてタイセンの判断は偏ったものなのかどうか、もしそうならばどのように助ければよいのか、じっくり考えてみることにした。グランウェルドはタイセンを勘繰ったわけではなかった。単にCEOの見方は偏っている可能性があると注意しようとしたにすぎない。

グランウェルドはまず、レッドフラッグ条件を探すことにした（**章末**「レッドフラッグを見極める」を参照）。

タイセン自身がこの業績不振の事業部門を立ち上げていることから、彼には同事業部への思い入れがあり、そのため、現在の戦略やみずから任命した経営陣に見切りをつけられないのかもしれない。

これに加えて、彼には、かつて他の事業部門を再建するに当たり、現地子会社の経営陣を支援し、これをみごと成功させたという経験があるため、今回も同様のパターンと勘違いして、現経営陣を継続的にサポートすることが欠かせないと無意識に思っているおそれもある。

タイセンには、ゆがんだ思い入れと判断ミスに至らしめるような記憶があると感じたグランウェルドは、意思決定プロセスを強化するために、以下のような三種類の予防策を考案した。

新鮮な経験や分析を取り入れる

意思決定者に新しい情報を与えたり、別の角度から問題に取り組ませたりすることで、先入観が払拭されることがよくある。

この事例では、グランウェルドは投資銀行に、この業績不振部門をどのくらいの価格で売却できるのか、タイセンに伝えてほしいと頼んだ。これによってタイセンが売却という根本をくつがえす選択肢を、少なくとも検討くらいはするのではないかと、グランウェルドは思った。もしタイセンがこの事業部門と経営陣に並々ならぬ思い入れを抱いているならば、売却という選択肢など一瞥もくれないだろう。

論と論を戦わせ、疑問を投げかける

この予防策によって、偏見にはっきりと反対できる。これは、問題を議論するグループの力関係が釣り合っている場合に最も効果的である。

同社のCFOは有能だが、他の経営陣はタイセンに反論せず従うことが多いとグランウェルドは感じていた。そのうえ、業績不振の事業部門の責任者は経営陣の一員を兼ねていることから、率直な議論は難しかった。そこでグランウェルドは、自分とタイセンとCFOの三人から成る検討委員会を設けて、この問題だけについて話し合うことを提案した。タイセンが強く推す解決策があったとしても、グランウェルドとCFOがその理由をきちんと問い質し、議論するためである。

またグランウェルドは、タイセンが少人数のプロジェクトチームを立ち上げ、そのリーダーには経営企画部門のトップを据え、すべての選択肢を分析し、この検討委員会に諮ることも提案した。

強力なガバナンス体制を敷く

最後の予防策は、意思決定はより高次元で承認されなければならないという縛りを課すことである。ガバナンスを強化しても、偏った考え方をすべて排除できるわけではないが、偏見によって悪い結果を招くことは防止できる。

グローバル・ケミカルでは、取締役会がガバナンスの最終責任を負っていた。しかし、グランウェルドは取締役会と検討委員会の両方のメンバーであるため、自分の客観性が損なわれるかもしれないと感じていた。そこで二人の取締役に、検討委員会の提案に同意できなければ、すぐに反論するように依頼した。最終的に、検討委員会はこの事業部門を完全売却することを提案し、取締役会がこれを承認した。売却価格は予想よりもはるかに高く、正しい判断であったことをメンバー全員が確信した。

意思決定プロセスを設計するに当たり、グローバル・ケミカルでは、会長が主導的な役割を果たした。意思決定の重要性を考えれば、まさに正解だった。しかし、意思決定の多くは現場レベルでなされており、CEOが直接関与することは不可能で、またすべきでもない。米国の大手電力会社の一部門であるサザン・エレクトリシティの例がそうだった。

サザンは、三つの事業部門と二つの強力な職能部門から成っていた。直近の規制改正によって値上げが許されなくなり、逆に値下げを強いられる可能性もあった。そこで同社経営陣は、設備投資を減らす方法を考えていた。事業部長のジャック・ウィリアムズは、経営陣がひどくリスクを恐れており、早くに設備をアップグレードしたがっていることに気づいた。これは、以前に大規模な故障があったせいで、顧客からクレームを受けたり、グループ内の他の経営陣から批判されたりしたことが原因だった。ウィリアムズは、こうした経験にまつわる感情タグが判断をゆがめていると確信した。

彼はこれを正すために何をしたか。ガバナンスを強化するというアイデアには飛び付かなかった。サザンの経営陣も親会社の経営陣もガバナンスに関する知識が十分ではないと彼は感じていたからだ。また、さらなる分析についても却下した。サザンでは厳密な分析が行われていたからだ。

ウィリアムズが出した結論は、活発な討論というステップを意思決定プロセスに組み入れること、そして偏った考えには、事情に詳しい人たちが反論できるようにすることだった。

彼は当初、この討論には自分と経理部長も参加することを考えたが、最終的には、数百ものプロジェクトすべてのメリットについて考える時間はないだけでなく、いまより早い段階で意思決定にきちんと反論できるだけの詳しい知識も持ち合わせていないと判断した。ウィリアムズは最終的に、事業部門と職能部門のトップ同士を対峙させ、コンサルタントにそのファシリテーターを任せた。彼は、このような意思決定プロセスを経営陣に突き付けるのではなく、自分の考えを彼らと共有することを選択した。レッドフラッグを使うことで、彼は経営陣の感情を損ねることなく、問題に目を向けさせた。

この新しいアプローチは大成功だった。設備投資は余力を残して削減目標に到達し、ウィリアムズはみずからに難しい審判を迫る必要もなかった。

＊　＊　＊

脳の働きがずいぶんわかってきたため、我々は判断ミスが起こりやすい状況を予知し、それを防ぐことができる。したがって、経験豊富な会長の知恵、CEOの謙虚さ、一般的なチェック・アンド・バランスに頼るのではなく、重要な意思決定に関わる人はすべて、自分にレッドフラッグが出される可能性があるのかどうかについて意識し、もしそうならば適切な予防策を講じなければならない。

判断を下すに当たって、レッドフラッグが出される可能性がなければ、チェック・アンド・バランスも官僚的な手続きもあまり必要ではなくなる。とはいえ、かなり僭越とはいえ強力な予防策によって、極めて危険度の高い判断を未然に防ぐ力を秘めているものもある。

レッドフラッグを見極める

レッドフラッグは、意思決定する前に見つけ出さなければ意味がない。複雑な状況にあって、これを見つけるには、どうすればよいだろうか。筆者らは、次の七つのステップから成るプロセスを開発した。

❶選択肢の幅を明らかにする

すべての選択肢を挙げることはできない。しかし、選択肢の両極を明らかにすることが役に立つことが多い。これによって判断の範囲がわかる。

❷意思決定の主要関係者のリストを作成する

意思決定の判定や最終判断を左右するのは誰か。一人か二人しかいない場合もあるだろう。一〇人あるいはそれ以上ということもありうる。

❸中心となる一人の意思決定者を選ぶ

通常、最も影響力のある人物に真っ先に注目するのが一番である。そして、その人の考え方をゆがめる可能性のあるレッドフラッグを見つけ出そう。

❹不適切な個人的利害や判断をゆがめそうな思い入れがないか、チェックする

意思決定者の個人的利害や肩入れのために、特定の選択肢がずいぶんきらびやかなものになっていたり、あるいはお粗末なものになっていないか。これらの利害や肩入れは、主要なステークホルダーの利害に反するものか。

❺判断ミスに至らしめるような記憶をチェックする

この意思決定における不確実性は何か。意思決定者は判断ミスに至らしめるような記憶に頼って、これら不確実要素を見ていないかどうかを検討する。過去の経験、とりわけ思い入れの強い経験が間違った方向に意思決定を向かわせる可能性はないかについて考える。また、以前に下した意思決定を現状に照らしてみて、適切ではなかったかもしれないと考えてみる。

❻二番目に影響力のある人物について同じ分析を試みる

状況が複雑だと、より多くの人々を巻き込む必要がある場合が多く、そのため、レッドフラッグの可能性がある要因を数多く特定できるかもしれない。

❼特定されたレッドフラッグのリストを再確認する

加えて、正常に機能しているはずのパターン認識や感情タグのプロセスに先入観が入り込んでいないかどうかをチェックする。もしそうであれば、一つかそれ以上の予防策を用意する。

第 **10** 章

戦略立案と意思決定の断絶

マラコン・アソシエーツ マネージングパートナー
マイケル C. マンキンズ
マラコン・アソシエーツ パートナー
リチャード・スティール

"Stop Making Plans; Start Making Decisions"
Harvard Business Review, January 2006.
邦訳「戦略立案と意思決定の断絶」
『DIAMONDハーバード・ビジネス・レビュー』 2006年4月号

マイケル C. マンキンズ
(Michael C. Mankins)
戦略・経営コンサルティング会社マラコン・アソシエーツのサンフランシスコ支社のマネージングパートナー。共著に *The Value Imperative : Managing for Superior Shareholder Returns*, Free Press, 1994.（未訳）がある。

リチャード・スティール
(Richard Steele)
マラコン・アソシエーツのニューヨーク支社のパートナー。

伝統的な戦略立案が意思決定の質を低下させる

「戦略立案ははたして無用の長物なのか」。最近、ある世界的なメーカーのCEOは、このように自問した。彼は二年前、自社の戦略立案プロセスの大々的な見直しを図った。それまでは、各事業部長が定期的に本社の経営委員会にプレゼンテーションするというものだったが、これはまったく機能していなかった。

経営委員会のメンバー、すなわちCEO、COO、CFO、CTO（最高技術責任者）や人事担当執行役員たちは、事業部門や職能部門のマネジャーによる果てしないパワーポイントのプレゼンテーションに、ほとほとうんざりしていた。プレゼンテーションを聞いていても、事業部門の仮説に異議を唱えたり、その仮説に影響を与えたりする機会はほとんどなかったからだ。一方、事業部長たちにすれば、経営委員会の意見はお説教ばかりで、有益なアドバイスはほとんどなかった。そのうえ、このような戦略検討会議で優れた意思決定が下されることなど、望むべくもなかった。

そこで、このCEOが二年前に始めた改革では、戦略立案プロセスが最新のアプローチに変更された。たとえば、各事業部門が提出できる戦略関連の資料は、極めて重要なデータ一五種だけに制限され、情報過多に陥ることを避けた。建設的な議論を促すために、プレゼンテーションシートと補足資料はすべて一週間前までに経営委員会に提出することが義務付けられた。経営委員会のメンバーと事業部長たちが意見交換する時間を十分確保できるよう、戦略検討会議そのものの構成も変更された。

さらに、事業部長を本社に招聘する代わりに、経営委員会のメンバーが毎春、六週間をかけて、二二の事業部門すべてを訪れ、会議に終日を費やし、事業戦略をもれなく検討することになった。まったく前代未聞のことだった。すべては、戦略の検討に費やす時間を増やし、より集中することで戦略検討会議の重要性を高めるためだった。

しかし、この新しい試みも失敗に終わった。CEOは、戦略立案の第二フェーズを終えた段階で匿名調査を実施し、新しいプロセスへのフィードバックを集めた。ところが、がっかりしたことに調査結果は苦情だらけだった。「時間がかかりすぎる」「要求水準が高すぎる」「現実の事業運営とかけ離れている」等々――。なかでも一番の打撃は、ほぼ全員が「新しい立案プロセスによって、何か決まったためしがない」と評価していたことだった。

CEOは唖然とした。最先端の戦略立案プロセスを導入したというのに、何も解決されないとはいったいどういうわけか。戦略を立案しながら、どうすれば、より多くの、より質の高い意思決定を、より素早く下すことができるのだろうか。

このCEOと同じく、多くの経営幹部は戦略立案プロセスの効果を疑い始めている。それも不思議ではない。筆者らの調査によると、戦略立案に費やす時間と労力にかかわらず、ほとんどの場合、戦略立案プロセスのせいで、優れた意思決定が阻まれている。そればかりか、戦略立案プロセスのほとんどが、戦略に現実的な影響力を持ちえぬまま、無為に繰り返されている。

後段で詳しく説明するが、戦略立案プロセスが有効に機能しない要因は、次の二つである。

●年次のプロセスである。
●個々の事業部門を対象にしている。

これらが原因となって、戦略立案プロセスは経営陣の意思決定プロセスとまったく合致しない。なぜなら、経営陣は年次や事業部門の都合とは無関係に重要な決定を下すからである。ならば、意思決定する際、ほとんどの経営陣が戦略立案プロセスをなおざりにしているのも無理はない。

実際、全社戦略の立案をはじめ、自社の将来を左右する意思決定、たとえばM&Aや新製品の上市、企業変革などは、戦略立案プロセスとは別に扱われている。しかし、このような重要な意思決定はえてして場当たり的であり、厳密な分析や生産的な議論を経ることなく下される。したがって、誤って決定されたり、まったく無視されたりすることも少なくない。

何よりも、このように戦略立案と意思決定が断絶していることこそ、多くの経営幹部が戦略立案という活動に、反感まではいかないにしても、フラストレーションを感じていることの証左といえよう。

しかし、原点に立ち返ることで、戦略立案プロセスを効果的に機能させることができる。一部の先進的な企業は、従来型の年次別、事業部門別の戦略立案プロセスを廃止し、その代わり、継続的で、かつ年次に縛られない、また部門ではなく課題に焦点を当てた意思決定プロセスを導入している。

これらの企業は、このように戦略立案のスケジュールと対象を変更する一方、経営陣が戦略を検討する会議の質を向上させた。従来の「検討と承認」から、「議論と決定」へと転換を果たしたのである。

つまり、個々の重要案件について真剣に深く掘り下げ、その意思決定が業績と株価にどのような影響を及ぼすのかを考えるようになったといえる。

事実、戦略立案プロセスを改革したことで、意思決定の量と質が大きく向上している。たとえば重大な戦略上の意思決定は、従来の戦略立案プロセスを採用している企業に比べて、年二倍以上になっている（**章末**「戦略立案と意思決定の関係」を参照）。これらの企業は立案作業に終始するのではなく、意思決定の改善に取り組み始めたのである。

戦略立案プロセスと意思決定プロセスの断絶

二〇〇五年秋、マラコン・アソシエーツはエコノミスト・インテリジェンス・ユニットと共同で、世界の主要企業一五六社の経営幹部を対象に調査を実施した。調査対象企業の売上高はすべて一〇億ドル以上で、うち四〇％の売上高は一〇〇億ドルを超えた。筆者らはこれらの企業の経営幹部たちに、「どのように自社の長期計画を立案しているのか」「自社の戦略立案プロセスは戦略上の意思決定を下すうえで、どれくらい効果的か」という二つの質問を投げてみた。

調査結果は、筆者らのコンサルタントとしての経験を裏付けるものだった。従来型の戦略立案のタイミングと仕組みは、優れた意思決定を妨げていることが明らかになったのである。

具体的に言えば、標準的な戦略立案プロセスを採用している企業は、年にわずか平均二・五件の重要な戦略決定しか下していない。なお、「戦略上の重要な意思決定」とは、長期的に利益を一〇％以上高める可能性のある意思決定をいう。成長戦略にまつわる意思決定がこれほど少ないのでは、前進を続け、投資家が期待する業績を実現できるとは考えられない。

さらに悪いことに、これら乏しい数の意思決定は、戦略立案の成果というよりも、それとは無関係に実現したものと思われる。実際、従来の戦略立案プロセスは極めて煩雑で、経営幹部の望むような意思決定方法やニーズに合致していないため、ほとんどの経営陣が最も重要な戦略決定を下すに当たって、戦略立案プロセスを避ける傾向が見られる。

戦略上の重要な意思決定は戦略立案プロセスとは無関係に下され、戦略立案プロセスは業績の向上に欠かせない意思決定を確認・検討する手段ではなく、単に経営陣がすでに決定したことを体系化するシステムと化している。かくして、時間が経つにつれて、経営陣は戦略立案プロセスの価値を疑い始め、重要な戦略を策定する際には戦略立案プロセスを回避し、他のプロセスに頼るようになる。

カレンダー効果

調査企業の六六%において、戦略立案プロセスは一種の年中行事であり、年次予算や資本計画の承認プロセスの前段階として実施されているケースが多い。ところが、戦略立案プロセスを他のマネジメントプロセスと連動させることで最大の効果が期待できるといわれている。

しかし、経営幹部はスケジュールとは関係なく、重大な意思決定を下さなければならない。このため、戦略立案プロセスを無理に年次サイクルに合わせると、無意味な存在になってしまう危険がある。

そのような杓子定規の立案計画には、大きな欠点が二つある。一つは「時間」である。年一回の年次計画では、業績を左右しかねない重要案件に経営幹部がじっくり取り組む時間が確保できないのだ。

筆者らの調査によると、年次計画を実施している企業が戦略立案に費やす時間は、年間九週間にも満たない。要するに、わずか二カ月そこそこで、関連データを収集し、戦略上の優先順位を決め、さまざまな計画案を比較・検討し、最終的な戦略を決定しなければならないことになる。

たいがいの問題、とりわけ複数の部門や地域にまたがる課題やバリューチェーン全体に関わる問題などは、そんな短期間で解決することはまず不可能である。たとえば、ボーイングが翼の製造など、主要な活動のアウトソーシングを最終決定するのに二年近くかかっている。

暦に従ったスケジュールにはおのずと制約がある。この場合、経営陣には二つの選択肢が用意されている。そのような複雑な問題に取り組まない、つまり棚上げするか、戦略立案以外のプロセスの中で取り組むかのどちらかとなる。とはいえ、いずれの選択肢でも戦略立案はなおざりにされ、戦略上の意思決定から切り離される。

もう一つの欠点は「タイミング」である。難問に取り組むために十分な時間をかけて戦略を立案しても、そのタイミングが問題となることがある。ほとんどの場合、戦略立案は複合的なプロセスであり、経営陣は市場とライバルの情報を分析し、潜在的なリスクとチャンスを把握したうえで、数年間にわたる計画を決定する。

しかし現実には、決められたタイミングではなく、その状況に応じて戦略上の意思決定を下している。なぜなら、即座に動くなり、対策を講じるなり、火急の案件がしばしば発生するからである。たとえば、ニューカマーが市場に参入してきたり、ライバルが新技術を導入したりすれば、経営陣は素早く、積極的に行動し、自社を守らなければならない。

外部環境の変化に対応するために、厳格なマネジメントプロセスや規律を確立している企業は極めて少ない。筆者らの調査では、そのような企業は全体の一割にも満たない。むしろ、軌道修正したり、チャンスを獲得しようと動いたりする際も、場当たり的に対応している。ここでも戦略立案プロセスは無視され、経営陣は十分な時間をかけて慎重に検討することなく、意思決定ミスを犯す可能性がある。

このタイミングの問題が決定的となりかねないのが、M&Aに関する意思決定である。買収のチャンスは、被買収企業の経営体制の変化やライバルの動向など、予測できない出来事が生じた結果、当初の計画を裏切って訪れることが多い。

大成功するチャンスが目の前にあるとはいえ、時間は限られている。したがって、この買収案件を次の年次計画で検討・審査するなどといった悠長な経営陣など、どこにいよう。通常、買収機会をその場で評価し、短期間で是非を判断する。

しかし大半の企業では、しかるべき審査プロセスが確立されていないため、被買収企業の顧客や従業員など、人間的な対応が欠かせない問題をおろそかにしがちである。ところがこのようなソフトな問題こそ、ポストM&Aにおける統合作業のカギを握っている。M&Aが失敗に終わる最大の原因として、統合計画の欠如が挙げられるのも偶然ではないのだ。

事業部門効果

一般的な企業では、戦略立案は事業部門ごとの作業であるが、これは先のカレンダー効果、いや「カレンダー問題」をいっそうこじらせる。調査対象となった経営幹部の三分の二が「自社の戦略立案は事業単位別（事業部門ごと、あるいは事業グループごと）に実施される」と回答している。その一方で、七〇％が「意思決定は案件ごとに下している」と回答している。つまり、戦略立案とは別に、たとえば「中国に参入すべきか」「生産をアウトソーシングすべきか」「流通会社を買収すべきか」といった案件を判断しているのである。

このように、戦略立案プロセスと意思決定プロセスが一致していない現状では、他のマネジメントプロセスに指針やアイデアを求めてしまうのも無理からぬことである。現に「戦略立案プロセスに価値がある」と回答しているのは、わずか一一％にすぎない。

さらに、事業単位を中心とする戦略立案プロセスは、経営陣と事業部長との間に距離が生まれ、場合によっては敵対関係に発展することさえある。一例として、どのように戦略が検討されているのかについて考えてみよう。

ほとんどの企業では、経営陣が事業部長それぞれと会議を持って、各事業部門の戦略について検討する。本来ならば、しかるべきデータに基づいて議論を触発することが目的のはずだが、現実には物見遊山に毛の生えたような訪問に終わってしまうケースが多い。経営陣は日帰りの予定で訪れ、その事業部門の名所を見物し、現地の社員たちと会い、再び飛び立っていく。

事業部門では、経営陣の訪問がつつがなく終わるように祈りつつ、時間をかけてさまざまな準備にいそしむ。彼ら彼女らの願いは、答えられないような質問はなるべく少なく、そして滞りなく事業計画を承認してもらうことである。このため、現地の事業部長は、本社部門に提出する情報を可能な限り管理する。その結果、経営陣の目に触れるのは、その事業部門が好調に見える情報だけとなる。かくしてチャンスばかりが強調され、リスクは軽視されるか、無視される。

そのような目くらましがなかったにしても、いわゆる情報の非対称性（情報の送り手と受け手における情報格差）から、経営陣はなかなか事業部門と建設的な対話や討論を交わすことができない。なぜなら、事業部門に助言できるだけの情報がないからだ。そこで、信じられないくらいに素晴らしい成果を約束する戦略計画を提示される。

このような場合、経営陣に与えられた選択肢は二つしかない。大企業では聞いたことがないが、一つは、その計画を拒否する。もう一つは、その計画を承認するも、高い目標を課すことで、少なくとも事業部門の業績が向上するようにするかのどちらかだ。いずれにしても、その戦略計画に関する意思決定に、戦略検討会議はほとんど役に立っていない。

筆者らの調査において「経営陣が目標設定から複数の戦略計画の検討、最終的な承認と資源配分まで、事実上自社の戦略立案のあらゆる面に関与している」と考えている経営陣が一三％に留まったのも不思議ではない。

戦略立案プロセスを再構築する

意思決定プロセスと切り離された戦略立案プロセスは、ほとんど影響力を及ぼさない。カレンダーに従い、事業部門ごとに進められる限り、戦略立案プロセスにおいて意思決定が促されることはまずない（**章末**「戦略立案と意思決定はこれほど断絶している」を参照）。

ここ数年間、多くの優良企業がこのような従来型の戦略立案プロセスを放棄するさまを、筆者らは目にしてきた。これらの企業は戦略上の課題を特定することを怠らず、体系的に解決することで、戦略立案プロセスと意思決定プロセスを関連付けることを極めて重視している。解決策は個々の企業で異なるとはいえ、より多くの、より質の高い意思決定を、より素早く下すために、戦略立案プロセスの抜本的な改革に取り組んでいるという点で共通している。

戦略立案と意思決定をいったん分離し、また統合する

何より重要なことは、意思決定プロセスを従来型の戦略立案プロセスから分離することである。その後、従来型とは異なるプロセスを構築する。この新しい戦略立案プロセスの目的は、株主価値を高めるために経営幹部が下さなければならない意思決定は何か、これをはっきりさせることにある。

したがって、この新しい戦略立案プロセスの結果として生まれるのは「計画」ではなく、複数の「具体的な意思決定」である。ただし、これは従来型の戦略立案プロセスにおいても、将来の事業計画として棲み分けすることが可能だ。

下すべき意思決定が何かを特定し、それをまさしく決定するという作業と、戦略計画を立て、評価し、改善するという作業はまったく異なる。言うまでもなく、これら二種類の作業を統合するには、従来とはまったく違うプロセスが必要だ（**章末**「新旧の戦略立案プロセスの違い」を参照）。

その好例が、ボーイング・コマーシャル・エアプレーンズ（ＢＣＡ）である。ボーイング最大の事業部門であるＢＣＡは長年、長期事業計画（ＬＲＢＰ）プロセスを実践してきた。

民間航空機の生産サイクルは長期間にわたるため、同部門のＣＥＯ、アラン・ムラリーと経営陣は、長期的な展望に立って事業を運営しなければならない。そのため、同部門のＬＲＢＰは財務一〇カ年の予測であり、売上げをはじめ、注文残、営業利益、設備投資などが含まれる。ＢＣＡの経営陣は毎週、事業計画を精査し、予算と実績の差について検討し、計画の実行に全社員が注力するように努めた。

毎週の事業計画検討会議は、業績を監視するうえでは有効だったが、新しい課題を浮き彫りにしたり、戦略上の意思決定を促したりするにはあまり効果的ではなかった。そこで経営陣は二〇〇一年、最も重要な戦略課題を見つけ出し、それに取り組むことを目的に、「戦略統合プロセス」（ＳＩＰ）を導入した。ちなみに、最も重要な戦略課題とは、たとえばゴー・トゥ・マーケット（商品やサービスの迅速な市場投入）戦略の決定や、商品戦略の発展、サービス事業の成長促進などである。

新しいプロセスを担当するチームは毎週月曜日に戦略統合会議を開き、前述したような戦略上の長期的な課題の進捗状況について検討する。そして具体的なアクションプランが経営陣によって承認されると、次の週の検討会議で事業計画を更新し、これを業績予測に反映させる。

この新しい意思決定プロセスを導入したことで、従来のＬＲＢＰプロセスでは戦略を実行することだけに集中すればよくなった。これまでＬＲＢＰに割かれていた時間は大きく削減され、それは新しいプロセスに費やされる時間を補って余りあるほどだった。そして、ＢＣＡは二つのプロセスがもたらした恩恵、すなわち統制された意思決定と、優れた戦略実行力を手に入れた。

こうして同社は、戦略実行ツールとしてのＬＲＢＰの有用性を損なうことなく、重要な意思決定の質と量を向上させることに成功した。ボーイングの経営陣は、二〇〇一年以降の大幅な業績改善の一部は、少なくともこの新しい意思決定プロセスのおかげであると見ている。

少数の主要課題にフォーカスする

重要課題はえてして部門横断的なものが多いが、高業績企業は一般的に、これらに的を絞って戦略を立案・検討する。こうして事業ごとの戦略立案プロセスから脱却することは、特に複雑な大組織では効果的である。

とりわけ大企業の場合、各事業部長たちは自部門の戦略だけを集中的に検討するため、議論が発展しない。彼らは、大なり小なり自部門にも影響を及ぼす全社戦略の立案に関わるべきだ。その際、部門ではなく課題に絞ることによって、戦略立案と意思決定、および投資計画の整合性が高まる。

マイクロソフトの例を見てみよう。世界最大のソフトウェアメーカーであるマイクロソフトは、クライアント、サーバー・アンド・ツール、インフォメーション・ワーカー、マイクロソフト・ネットワーク、マイクロソフト・ビジネス・ソリューションズ、モバイル・アンド・エンベディッド・デバイス、ホーム・アンド・エンタテインメントの七事業部（同社では、これらの部門を「P&L」と呼ぶ）と、各種職能部門によるマトリックス組織である。同社においては、事業部門と職能部門の緻密な調整なくして、いかなる戦略も機能しない。

二〇〇四年末、CEOのスティーブ・バルマーは、優れた投資案件の不足という問題に直面した。そこで、戦略・計画・分析担当のコーポレートバイスプレジデント、ロバート・ウーラナーに新しい戦略立案プロセスの設計を依頼した。これを受けてウーラナーは、「グロース・アンド・パフォーマンス・プランニングプロセス」を導入した。

このプロセスはまず、事業部門の壁を超えた戦略課題、たとえばPC市場の成長、エンタテインメント市場、セキュリティ分野などの重要事項を特定し、バルマー率いる経営陣の承認を仰ぐことから始まった。これらの戦略課題は、毎年の戦略検討会議での叩き台となるばかりか、各事業部門にすれば、全社的な成長を視野に入れたうえで、さまざまな投資案件を具体化する際の指針となった。

P&Lのマネジャーたちと経営陣の議論では、個々の事業部門の戦略ではなく、各戦略課題への取り組みが中心となった。その当面の成果は大いに期待される。ウーラナーは次のように語っている。

「まず何を求めるのか、その内容に注意すべきです。新しいプロセスによって、数え切れないほどの成長機会が浮かび上がってきました。我々の課題はいまや、投資案件の不足ではなく、最も効果的な投資方法を見つけることです」

英国のディアジオは、スミノフやジョニーウォーカー、ビールのギネスをはじめ、ワインなどの製造・販売を手がける世界有数の飲食品会社である。同社の一事業部門であるディアジオ・ノースアメリカは、マイクロソフト同様、その多彩なブランドポートフォリオ全体における資源配分を決定する戦略立案プロセスを変更した。

ディアジオでは伝統的に、ブランド別に戦略を立案してきた。各ブランドマネジャーは、担当ブランドの市場規模や全社戦略上の位置付けに関係なく、担当ブランドへの投資について増額を要求できた。その結果、資源配分はブランドマネジャーと本社部門の間での交渉が果てしなく続けられることがもっぱらであった。

この社内抗争のために、体系的な成長戦略の立案が阻まれていた。なぜなら、透明性が欠如していることで、ディアジオ経営陣は、さまざまな増額要求が突き付けられても、より大きな経営資源を傾けるべきブランドとそうではないブランドを正しく見極められなかったからだ。

二〇〇一年、ディアジオは戦略立案プロセスの全面的な見直しに着手した。とりわけ重要だったのは、たとえば米国におけるヒスパニック系人口の増加など、市場成長に最も貢献すると考えられる要因に戦略の照準を絞ったことだ。これらの要因がブランドポートフォリオに及ぼす影響をモデル化することで、成長可能性が最も見込まれるブランドに、より効果的に資源配分できるようになった。

これは、各ブランドマネジャーが立案すべき戦略と投資について、本社部門が特定できるようになった結果である。コンシューマー・プランニング・アンド・リサーチ担当のシニアバイスプレジデント、ジム・モーズリーはこのように指摘する。実際、成長可能性の高いブランドを特定したうえで、経営資源が割り当てられる。

このような焦点を絞ったアプローチが導入された結果、ブランドプランニングプロセスは短縮し、ブランドマネジャーと本社との交渉に費やされる時間も大幅に削減された。さらに、各ブランドのシニアマネジャーは、担当ブランドがディアジオ全体の成長にどれくらい貢献しているのかについても自信を深めるようになった。

戦略の継続的改善

賢い戦略家は、二、三カ月という限られた期間に集中的に戦略を検討するのではなく、年間を通じて継続的に取り組む。このおかげで、経営陣は意思決定を下すまで、特定の課題に集中できる。さらに、市場環境や競争条件に変化に応じて、新たな課題を追加することもできるため、別途新たなプロセスを設ける必要もない。こうして経営陣は、単一の戦略立案プロセス――この場合「戦略的意思決定モデル」とでも呼んだほうが適切だろう――を利用して、いっそうの意思決定を全社的に励行できる。

年商一〇〇億ドルのコングロマリット、テクストロンは「意思決定アジェンダ」、すなわち最重要課題とビジネスチャンスのリストを中心に据えた、継続的な戦略立案プロセスを導入した。

同社は二〇〇四年まで、かなり伝統的な戦略立案プロセスを採用していた。毎春、各事業部門――ベル・ヘリコプターからイージー・ゴー・ゴルフカート、ジャコブセン（芝生管理機）など多岐にわたる

――は、まず全社共通のテンプレートに基づいて五カ年戦略計画を策定する。

次に、事業部長たちは、最高幹部五人から成る経営委員会と一緒に、各事業部門で開催される終日会議において、それぞれの戦略計画を検討し、その後、事業部門はその結果をできるだけ忠実に、それぞれの年間業務計画と予算案に組み込む。

しかし、CEOのルイス・キャンベルは、このプロセスに基づく意思決定の質とスピードに不満を感じていた。そこで二〇〇四年六月、戦略・事業開発担当バイスプレジデントのスチュアート・グリーフに戦略立案プロセスの見直しを命じた。グリーフ率いるチームは、社内慣行を子細に吟味し、三〇人の管理職の意見を聞いた後、新しい「テクストロン・ストラテジー・プロセス」を策定した。

この新しいプロセスは二つの点で旧プロセスと大きく異なっていた。第一に、従来のように全事業部門の戦略を検討するに当たって、第2四半期に集中的に取り組むのではなく、これを通年に分散し、四半期ごとに、二、三の事業部門についてその戦略を検討する。第二に、経営委員会が各事業部門の計画を検討することを止め、代わりに意思決定アジェンダに挙げられた戦略課題に注力するために、継続的な検討作業を実施する。

以上のような変更によって、テクストロンの経営委員会は以前よりもはるかに実効的に事業部門の戦略立案に関われるようになった。また新プロセスは、経営陣が関連部門のマネジャーの意見を聞き、複数の事業部門に関する問題を提起し、これに取り組むための「フォーラム」としても機能する。

こうして、戦略上の意思決定数は大幅に上昇した。その結果、ここ一八カ月の間、ライバルに後れを取っていたテクストロンの業績も、世界的に見て業界上位四分の一に含まれるまでに向上している。

ヘルスケア用品とサービスを提供するカーディナル・ヘルスの戦略担当ディレクター、ジョン・カリバンも、継続的な戦略立案プロセスへと転換を図ったことで、同様のメリットを享受できたと語っている。

「継続的な意思決定プロセスを導入するには、経営陣の時間の再配分が必要なため、簡単ではありません。しかし、このプロセスのおかげで、当社の垂直統合型事業の短期業績にいっそうフォーカスできるようになり、また長期的な重点課題、特に扱いの難しい部門横断的なものも、その取り組みにはずみがつきました」

戦略上の意思決定を継続化するために、それまでの伝統的な戦略立案プロセスに、いくつか大きな変更を施した。たとえば本社部門では、経営委員会との議論を深めるために、議題を半年単位で見直すことにした。この結果、全社員が、いま経営陣はどのような課題に取り組んでいるのか、その課題に関する決定はいつ下されるのかを知ることができる。事業部門と職能部門でも同じような仕組みが導入され、これらのおかげで、社内の意思決定基準が共通化された。

このような継続的な意思決定プロセスの効果を高めようと、カーディナル・ヘルスでは、新しい分析ツールとプロセスの熟練者である「黒帯」たちを養成し、社内のさまざまな部門に配置した。これが奏功して、事業部門や職能部門では、突発的に発生する重点事項に慌てることなく対処できるようになった。

戦略の検討作業をシステム化し、真の意思決定を生み出す

大企業において意思決定を阻害する最大の要因は概して、過去の意思決定や現在の選択肢、そして戦略計画の根拠として提出されたデータについて、経営陣の間で意見が相違することである。そこで、先進的な企業はこの問題を克服できるように、戦略の検討作業をシステム化している。

たとえばテクストロンは、「データ」「選択肢」「意思決定」の三段階に従って戦略を検討している。個々の戦略課題について、経営委員会との半日会議で二回検討され、年間を通じて八〜一〇件の案件が決定される。経営委員会は最初の会議で、関連データ、たとえば主要市場の収益性に関するデータや競合他社の動向、顧客の購買行動などと合わせて、実行可能な選択肢を検討し、これらのデータと選択肢について合意する。

最初の会議の目的は、特定のアクションプランを決定することではなく、経営委員会に最善のデータとしかるべき選択肢を提供することにある。経営委員会は二回目の会議で、これらの選択肢を戦略と財務の観点から評価し、最善のアクションプランを決定する。

このように、データと選択肢の検討と意思決定に関する議論を切り離すことで、テクストロンの経営委員会は、戦略上の意思決定を下すに当たって、ほとんどの企業が直面する問題の多くを回避し、従来の戦略立案プロセスを通じた場合よりも、ずっと多くの意思決定を実現できる。

テクストロンと同じく、キャドベリー・シュウェップスも経営陣が意思決定にいっそう集中できるよ

うに、戦略検討会議の仕組みを変更した。二〇〇二年、同社はガムメーカーのアダムスを買収・合併し、提供商品と展開地域を大きく拡大した。その時、本社部門と事業部門が戦略について議論する方法を見直す必要性に気づいた。そこで、既存の戦略立案プロセスを二カ所変更した。

まず、消費者、顧客、ライバルに関するデータと評価基準を共通化し、これらを戦略の検討作業に組み入れた。これらのデータによって、経営陣は事業上の主要選択肢を把握できるようになった。またこれらの選択肢は、以前は事業部門の中に埋もれてしまっていたが、これがなくなった。次に、経営陣の時間配分を変えることで、キャドベリー・シュウェップスの一〇年ビジョンが生まれ、また重要な意思決定を下すに当たっては、必要不可欠な市場により多くの時間が傾けられるようになった。

今日、同社経営陣は、業績に最も重要な影響を及ぼす国々を年に一度訪れ、まる一週間をそこで過ごす。この結果、伝聞による分析だけでなく、直接の観察に基づいて意思決定することができる。そのかいもあって、市場に関する理解も、戦略に関する議論もこれまで以上に深まった。こうして、キャドベリー・シュウェップスにおける戦略の検討作業はもはや単なる戦略計画の検討・承認に留まらず、以前よりもはるかに多くの意思決定の実現を可能にした。

＊　＊　＊

戦略立案プロセスが効果的であれば、業績と株価は大きく改善されることだろう。経営陣が隠された戦略課題を発見し、より多くの意思決定を実現できるように、戦略立案プロセスを再構築することで、長期的な成長と収益性の向上にいっそう拍車をかけることができる。

このように戦略立案プロセスが意思決定志向に改革されれば、ほとんどの企業でほぼ確実に意思決定の質と量が向上する。加えて、これはけっして偶然ではないが、経営陣と事業部長のコミュニケーションの質も向上しよう。経営陣は直面している問題をより深く理解できる一方、事業部長たちは経営陣の経験と洞察を十二分に活用できるからだ。

キャドベリー・シュウェップスのグループ戦略担当ディレクターのマーク・レキットいわく、「意思決定志向の継続的な戦略立案のおかげで、経営陣は議題を整理し、事業部門や職能部門のマネジャーたちと協力するようになり、はるかに優れた事業戦略や意思決定が実現しています」。

戦略立案と意思決定の関係

カレンダーに従って実施する、事業部門を対象とした従来型の戦略立案を放棄したとたん、意思決定の質は劇的に向上する。筆者らの調査によると、伝統的な戦略立案プロセスを完全に放棄した企業は毎年、伝統的なプロセスに固執する企業の二倍以上の意思決定を下している。継続的に戦略を見直すプロセスならば、その時点で入手できる情報に基づいた意思決定として、おそらく最善のものを下すことができる。以下、戦略立案のアプローチごとに、下される意思決定の平均件数を紹介する。

年次サイクル型、事業部門を中心……年二・五件

年次サイクル型、課題を中心……年三・五件

継続型、事業部門を中心……年四・一件
継続型、課題を中心……年六・一件
（出所：マラコン・アソシエーツおよびエコノミスト・インテリジェンス・ユニット）

戦略立案と意思決定はこれほど断絶している

戦略立案の方法

「定期的に」
……調査に回答した経営幹部の六六％が、自社の戦略立案はあらかじめ決められた時期で行われると回答。

「事業部門ごとに」
……調査に回答した経営幹部の六七％が、自社の戦略立案は事業部門ごとに行われると回答。

意思決定の方法

「継続的に」
……調査に回答した経営幹部の一〇〇％が、戦略上の意思決定はカレンダーに関係なく下されると回答。

「戦略課題ごとに」

……調査に回答した経営幹部の七〇％が、意思決定は戦略課題ごとに下されると回答。

結論

……戦略立案を実施する価値があると確信している経営幹部は、わずか一一％にすぎないのも当然である。

新旧の戦略立案プロセスの違い

従来型の戦略立案

伝統的な戦略立案プロセスを採用している企業は毎年、一定時期に各事業部門の戦略計画を策定する。さまざまな職能から責任者を集め、戦略企画チームを結成するも、事業部門の戦略計画の企画に費やす時間はわずか九週間未満である。

経営委員会は、さまざまな計画について議論するが――たいていは一日の会議――十分検討することなく承認する。これらの計画を一まとめにして全社戦略とし、取締役会にはかる。

戦略立案が終わると、事業部門は八ないしは九週間をかけて予算と資本計画の作成に取りかかる。ほとんどの企業で、これらのプロセスと戦略立案はばらばらである。

次いで、経営委員会は再び各事業部門と会議を持ち、業績目標や経営資源の配分について交渉する。多くの場合、事業部長たちの報酬も同時に話し合われる。

その結果は次の通り。

- 事業部門の戦略計画は承認こそされているが、実際には非現実的である。
- 部門予算は事業部門の戦略計画と切り離されて決められる。

継続的かつ意思決定志向の戦略立案

まず全社的に見て最も重要な戦略課題が確認される。これらは一般に、年に一度見直しが図られる。つづいて、できるだけ多くの戦略課題について意思決定できるように、経営委員会と年間を通じて話し合う。

戦略課題はしばしば複数の事業部門にまたがるため、課題ごとに新たな検討チームが編成され、戦略に関する情報と財務情報が用意される。こうして個々の課題について選択肢を見つけ出し、それぞれについて評価する。これら一連の準備期間は九週間を超える場合もある。

経営委員会は二回の会議で課題すべてを検討する。いずれも三、四時間が費やされる。最初の会議では、課題に関するデータと実行可能な選択肢について合意することに集中する。次の会議では、これらの選択肢の評価と最善のアクションプランの選択と決定に焦点が絞られる。

特定の課題について意思決定が下されたならば、代わりの議題として別の課題が検討される。また、市場状況や競争条件が変わるに伴い、いつでも重要な課題を戦略立案プロセスに追加できる。

決定が下されると、事業部門の予算と資本計画を修正し、選択された戦略計画の内容を反映させる。こうして戦略立案プロセスに、資本計画の作成プロセスおよび予算編成プロセスが統合される（**図表10**「戦略立案プロセスと予算、資本計画をリンクさせる」を参照）。経営委員会と事業部門のマネジャーたちが予算と資本計画について長々と交渉することがなくなる。その結果は次の通り。

- ●各戦略課題に取り組む計画が具体化する。
- ●各事業部門の予算と資本計画は、重要戦略課題に関する意思決定と関連付けられ、たえず更新される。
- ●より多くのより質の高い意思決定をより短期間に実現できる。

図表10｜戦略立案プロセスと予算、資本計画をリンクさせる

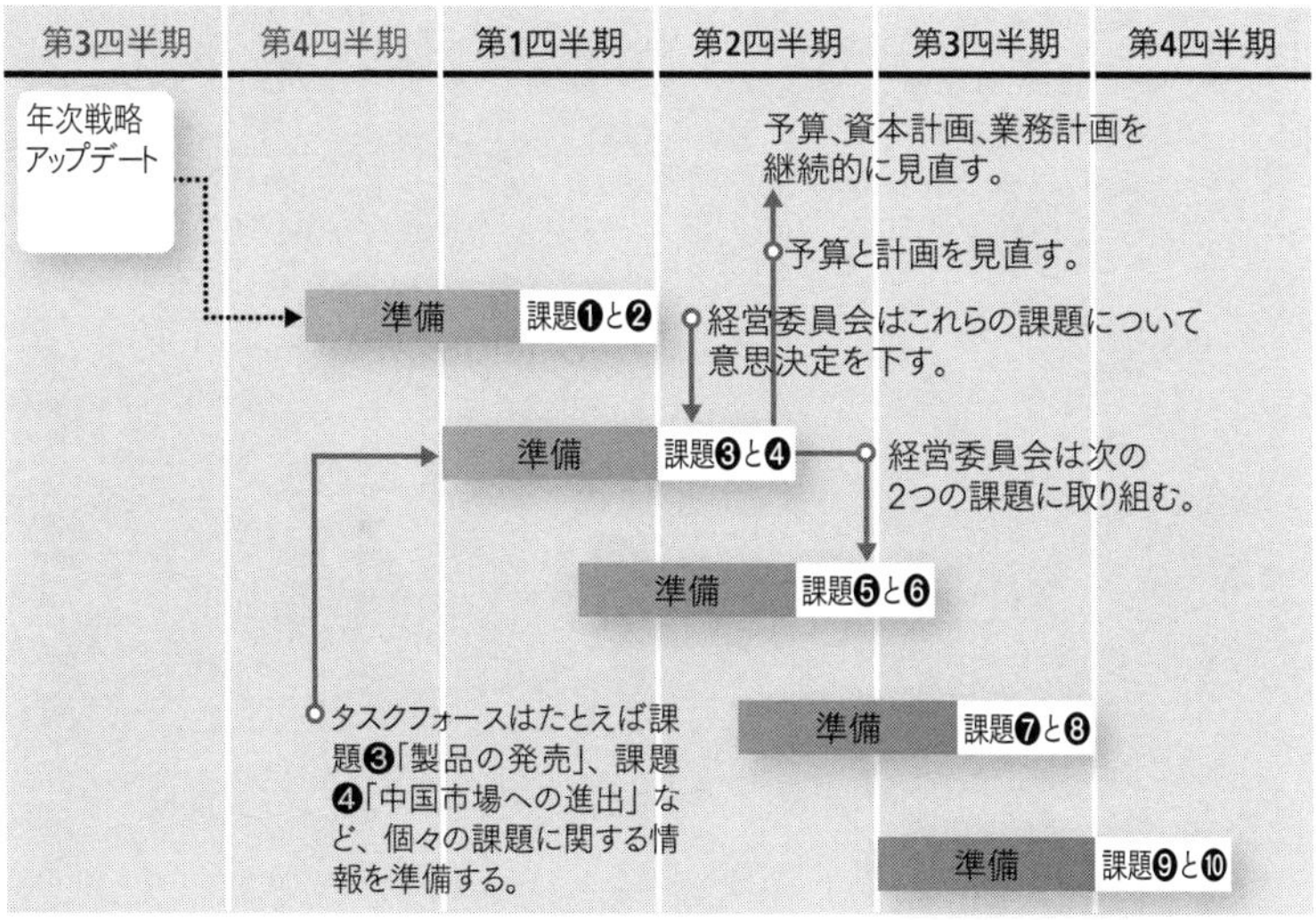

『Harvard Business Review』（HBR）とは

ハーバード・ビジネス・スクールの教育理念に基づいて、1922年、同校の機関誌として創刊された世界最古のマネジメント誌。米国内では29万人のエグゼクティブに購読され、日本、ドイツ、イタリア、BRICs諸国、南米主要国など、世界60万人のビジネスリーダーやプロフェッショナルに愛読されている。

『DIAMONDハーバード・ビジネス・レビュー』（DHBR）とは

HBR誌の日本語版として、米国以外では世界で最も早く、1976年に創刊。「社会を変えようとする意志を持ったリーダーのための雑誌」として、毎号HBR論文と日本オリジナルの記事を組み合わせ、時宜に合ったテーマを特集として掲載。多くの経営者やコンサルタント、若手リーダー層から支持され、また企業の管理職研修や企業内大学、ビジネススクールの教材としても利用されている。

ハーバード・ビジネス・レビュー 意思決定論文ベスト10

意思決定の教科書

2019年3月27日　第1刷発行
2024年6月13日　第2刷発行

編　者——ハーバード・ビジネス・レビュー編集部
訳　者——DIAMONDハーバード・ビジネス・レビュー編集部
発行所——ダイヤモンド社
〒150-8409　東京都渋谷区神宮前6-12-17
https://www.diamond.co.jp/
電話／03･5778･7228（編集）　03･5778･7240（販売）
装丁デザイン—デザインワークショップJIN（遠藤陽一）
製作進行——ダイヤモンド・グラフィック社
印刷————堀内印刷所（本文）・新藤慶昌堂（カバー）
製本————ブックアート
編集担当——大坪亮

ISBN 978-4-478-10757-7